AF218814

MIX
Papier aus verantwortungsvollen Quellen
Paper from responsible sources
FSC® C105338

FSC
www.fsc.org

Mein erstes E-Book

Tagebuch eines E-Book Newcomers

Theo Gitzen

Mein erstes E-Book, ein Wechselbad der Gefühle!

Niedergeschrieben als

Tagebuch eines E-Book Newcomers

Eine Dokumentation der Gefühle, Ängste aber auch des Willens, sich endlich den Traum vom eigenen Buch zu erfüllen.

Dieses Buch ist weder Fachliteratur, noch eine weitere perfekte Anleitung zu „Wie schreibe ich ein E-Book",

Es soll dir aufzeigen, was in den Tagen, von der Idee bis zur Umsetzung, mit dir passiert und was bei mir so alles abgelaufen ist.

Glaub mir, es ist alles drin!

Impressum

Bibliografische Information der Deutschen Nationalbibliothek:
Die Deutsche Nationalbibliothek verzeichnet diese Publikation in der
Deutschen Nationalbibliografie; detaillierte bibliografische Daten sind
im Internet über http://dnb.dnb.de abrufbar

9 783752 821147

2018 – Theo Gitzen
Herstellung und Verlag
BoD – Books on Demand, Norderstedt
ISBN-9783752821147

Inhalt:

Kapitel 1

Was treibt einen an, ein E-Book zu schreiben?

Das frage ich mich auch!

Schließlich habe ich schon fast alles gemacht. Bin auf quasi allen Bühnen dieser Erde aufgetreten und habe schon als Kind gelernt, kreativ zu sein. Später folgten mehrere Berufs- und Schaffensepochen. Mit Vorträgen und Präsentationen in ganz großem Stil. Fernsehauftritte, Radiointerviews und unzählige Presseberichte säumten meinen Weg.

Es war immer das „Neue", was mich bewegte.

Kurz gesagt, auch wenn ich quasi fünf Berufe erlernt und gelebt habe, mehrere Sprachen spreche und viele Dinge ausprobierte, so ist ein jeder NEUANFANG, auch für mich, immer wieder eine neue Herausforderung. Das Einzige, was uns vielleicht unterscheidet, ist die Erfahrung im Neustart.

Aber eins kannst du mir glauben. Wenn du es schaffst, dir zu sagen: Das ist mein Ding und wen interessiert es, ob es klappt oder nicht, dann **schaffst du es!**

Die Kindheit

Ich weiß nicht, was ich so alles falsch gemacht habe, dass es so lange gedauert hat, bis ich mich durchgerungen habe mit dem Schreiben anzufangen. Schon als kleiner Junge einer Halbimmigrantenfamilie wuchs ich in einem kleinen Eifeldorf als „kleiner Bruder" auf. Es war nicht einfach, sich zu behaupten, vor allem, weil Oma, Mama und auch der Bruder quasi nicht zum Dorf gehörten, obwohl sie alles, aber auch alles, mit jedem ohne Gegenzug teilten. Ich merkte schnell, dass es hier eine, für mich schlechte, Mischung aus Neid, Hochnäsigkeit und Arroganz gab. Bis auf wenige Familien gab es keine wirkliche, engere Freundschaft. Hinzu kam, dass sich meine Eltern so gut wie nichts leisten konnten. All diese Umstände formten mich. Musste ich doch lernen meine eigenen Spielsachen aus Holz zu schnitzen oder aus Teilen, die ich anderswo organisieren konnte. Aber so ein Leben hat auch etwas Positives. Schnell lernte ich mich durchzusetzen und mit meinen selbstgebauten Spielsachen, wie z.B. einer Seifenkiste, gegen gekaufte Kettcars mitzuhalten oder mit alten Skibrettern, ich betone Bretter gegen funkelnagelneue Ski eine Fuchsjagd, als Fuchs zu bestehen. Wer noch Huckleberry Finn und Tom Sawyer kennt, weiß wovon ich spreche.

Die Großstadt

Den ersten Schritt in die weite Welt tat ich mit fünfzehn und verließ das „Dorf" um in der Großstadt Chemielaborant zu werden. Ich hatte keine Ahnung was das war, aber ich habe mich durchgekämpft, habe Kurse besucht (englisch, portugiesisch, türkisch, Rhetorik und auch basic programmieren). Ich war hungrig auf alles, was ich noch nicht kannte und das war viel. Sogar einen Strickkurs auf einer Toyota Strickmaschine habe ich erfolgreich absolviert. Es hat wiederum fünfzehn Jahre „chemischer Forschung" gebraucht, bis ich erkannt hatte, dass mir der Umgang mit Menschen viel mehr Freude bereitet als das Rühren im Reagenzglas. Kurzerhand kündigte ich und zog in die Welt.

Die weite Welt

Es war wie ein Aufbruch zu neuen Ufern. Die Chemie und der Fußball hatten mich unter anderem auch nach Brasilien geführt. Die Idee in Rio eine „Special-Incoming-Agentur" zu eröffnen war geboren. Über Mexiko gings nach Honduras. Dort machte ich quasi meine zweite Lehre als „Gerber". Es machte riesig Spaß. Mitten im Urwald lernte ich alles rund um Land, Leute und natürlich „Leder" kennen. In erster Linie jedoch interessierte mich die Optimierung des Betriebes. Mein wohl wichtigstes Meeting, ein entscheidender Punkt in meinem Leben, war die Begegnung mit einem japanischen Studenten. Er erzählte mir, dass er ein Stipendium von Toyota für Honduras, mit der Auflage erhalten habe, den honduranischen Markt und das Verhalten der Menschen exakt zu dokumentieren und an Toyota zu berichten. Er erläuterte mir die Wirkungsweise am honduranischen Automarkt. Während deutsche Autobauer noch den „Käfer" lieferten, setzten die Japaner auf große PIC-Up's, „All in one". Angepasst an die Erfordernisse, wie: Status, Sicherheit, 4-Türer und eine große Ladefläche für den Transport von Waren, Menschen und Tieren. Nach einem guten Jahr hatte ich alles erledigt. Die Lederfabrik war saniert und mein Spanisch fast fließend. Es gab nichts mehr zu tun. Da war nur noch der Gedanke an mein Vorhaben, eine „Incoming-Agentur in Rio" zu eröffnen. Um das aber richtig zu machen, beschloss ich zurück nach Deutschland zu gehen. Ich war noch keine drei Tage in Deutschland, da bewarb ich mich auch schon bei Touristikunternehmen, um mein Vorhaben in Rio auch richtig umsetzen zu können. Animateur auf den Kanaren war keine Option. Aber die Aussicht, ein Teil eines Studienreise-Veranstalters zu sein, reizte mich sehr. Ohne jegliche Vorkenntnisse bewarb ich mich und wurde auch angenommen. Ich wurde in verschiedene Länder geschickt, um dann letztendlich in Mexico die organisatorische Leitung zu übernehmen. Schnell entwickelte sich ein richtiges Gefühl für die Praktiken im Tourismus. Nach sechs Monaten wusste ich, worauf es ankam und was ich zu tun hätte.

Das eigene Reisebüro

Ich machte mich wieder auf den Weg nach Deutschland, um hier einen Reise-Informations-Club zu gründen und erste Kunden für Rio zu generieren. Und schon hatte ich die erste Abmahnung an der Backe. Ohne nachzudenken habe ich die drei Buchstaben (RIC) in mein Logo übernommen und wurde sofort abgemahnt. Egal - ich hatte ein Ziel und das konnte auch durch eine Abmahnung nicht verhindert werden. Aus einem Reise-Informations-Club wurde quasi über Nacht ein Reisebüro. Ich wurde so zum Reiseverkehrskaufmann (ohne Diplom). Das Ganze währte vier Jahre und endete abrupt. Irgendjemandem war ich auf die „Füße" getreten und erhielt prompt die Quittung. Auch der Versuch in einem Autohaus mit einem Reisebüro neu anzufangen, endete schmerzlich. Aber ich wäre nicht ich, wenn ich nicht einen Ausweg gesucht und gefunden hätte. Einfach Pauschalreisen verkaufen war mir zu stupide. Also beschloss ich, Eigenveranstalter (Reiseveranstalter) zu werden. Bustouren, Segeltörns und handgeführte Erlebnisreisen waren das Ergebnis. Es war eine sehr schöne und erfolgreiche Zeit.

Der große Crash

Zwei Jahre lief alles sehr erfolgreich. Doch dann das ENDE. Ich hatte mich zu sehr auf ein Land, die Türkei fixiert. Plötzlich gab es viele, politisch motivierte Bomben-Anschläge und schlagartig blieben die Touristen aus und ich bog wieder Richtung Germany ab.

Ein Neuanfang

Also wieder zurück nach Deutschland und schauen, was ich Neues machen kann. Einige Monate schlug ich mich mit Handlangerarbeiten auf dem Bau durch. Aber nie verlor ich das Ziel nach weiterer Unabhängigkeit aus den Augen. Ich traf eine Menge Leute, die ebenso dachten wie ich und stellte fest, dass sie bereit waren, all ihr Erspartes oder auch geliehenes Geld zu investierten, um sich selbstständig zu machen. Und schon alleine beim ersten Gespräch wurde mir klar, der macht genau die gleichen Fehler wie ich, nur hat er/sie wohl nicht die Kraft nach einem ersten Niederschlag wieder aufzustehen. Und hier kam mir die Idee der *„praktischen Hilfestellung für Existenzgründer".*

Der reine Zufall führte mich mit einem Ehepaar zusammen, das gerne mit Rentenbeginn etwas Neues machen wollte. Und zwar genau das, „praktische Hilfe für Existenzgründer". Es lief sehr gut und aus den ersten Beratungen entwickelte sich schon nach kurzer Zeit ein weiterer Geschäftszweig, die „Umsetzung von Ideen und Erfindungen". Im Laufe der Jahre expandierte unser Unternehmen, viele Mitarbeiter wurden eingestellt und neue Märkte eröffneten sich.
Meine Kreativität erreichte den Höhepunkt.
Neben meinem Baby „die mobile Taschenparkuhr", befasste ich mich mit der Kreation von Werbeclips, hielt Vorträge und Präsentationen in vielen Großstädten bei Bürgermeistern und Abgeordneten aus dem Bereich der Parkraumbewirtschaftung Deutschlands und auch Europas. Mittlerweile war ich Patentinhaber und Besitzer einiger Gebrauchsmuster. Zudem entwickelte ich im Auftrag ein großes Projekt im Sozialbereich in England. Urplötzlich war ich auch noch Spezialist in chipkartenbasierten Anwendungen. Fachzeitschriften betitelten mich als „Tüftler mit Kämpferherz"

Der große Knall!
Ohne Vorankündigung – und wie aus heiterem Himmel - ein Burn-Out der Extraklasse. (Auch hier werde ich über „Burn-Out - und keiner sieht's dir an" berichten). Ich war gezwungen mit allem herunterzufahren. Stieg aus meiner GmbH aus und versuchte mich langsam wieder zu finden. Ich hatte immer noch nicht verstanden, was wirklich hinter einem Burn-Out steckt. Ich hatte nichts verstanden!
Schon stürzte ich mich in ein neues Abenteuer, das dynamische Internetportal. Eine aktive Homepage für Kleingewerbetreibende. Dann aber kamen die Rückschläge, mein Kopf hörte nicht mehr auf zu arbeiten. Unentwegt kreisten Gedanken in meinem Kopf und raubten mir den letzten Schlaf. Scheinbar hatte ich doch verstanden, denn jetzt stieg ich endgültig aus meinem aktiven Berufsleben a. Ich zog in den Norden und begab mich endlich in ärztliche Behandlung. Auf Anraten, und mit Unterstützung meines großartigen Psychologen, entwickelte ich ein Therapieverfahren, welches im Bereich Sport dazu beitragen sollte, mich körperlich zu fordern, um wieder ruhige Nächte zu erleben, und gleichzeitig ein eigenes Fußball-Förder-Projekt so

umzusetzen, dass ich mich Stück für Stück an meine Belast-
barkeitsgrenzen taste, ohne mich zu übernehmen.

PURE DISZIPLIN, aber es klappt.

Das Sportprojekt
Und wie immer entwickelte sich daraus eine weitere Tätigkeit, die
Erstellung von Potentialanalyseverfahren im Amateur- und
Jugendfußball. Siehe auch www.ffp-scouting.com.

Da aber eine professionelle Umsetzung abhängig von der
Unterstützung anderer ist und ab Mai 2018 nun auch noch das neue
Datenschutzgesetz in Kraft tritt, habe ich beschlossen, etwas völlig
Neues zu probieren, welches mich von niemandem abhängig sein lässt,
nämlich das **Schreiben eines E-Books** zu betreiben.

Kapitel 3

Es gibt immer eine Vorgeschichte

Heute ist ein wunderschöner und mit 28°C sehr heißer, Sommertag im viel zu heißen Monat Mai 2018. Es fühlt sich schon irgendwie komisch an. Ich bin jetzt fast 62 Jahre und irgendwie habe ich das Gefühl mir läuft die Zeit davon. Die Zeit über all das zu schreiben, was ich immer mal sagen wollte. Was mich bewegt und was ich unbedingt der Nachwelt und vor allem all denjenigen, die immer meinen, ihr Ding sei das „Nonplusultra", und alle anderen sind nicht interessant, sagen wollte. Ich habe mir, wie Christian Költringer in seinem E-Book, der

„E-Bookinator" empfiehlt, wirklich die Zeit genommen und mal alle Themen über die ich gerne schreiben möchte aufgeschrieben. Aus den empfohlenen 10-20 Titeln wurden gleich 39! Ich habe an dieser Stelle noch keine Ahnung, wie es weitergeht und welches mein erstes Buch sein wird. Jedoch weiß ich, dass ich diese Dokumentation als mein zweites E-Book veröffentlichen werde. Und dass es so ist, kannst du daran sehen, dass du es nun vor dir hast.

Aber erst einmal der Reihe nach!
Damit du verstehst, worauf ich hinaus will, habe ich ein wenig in meinem Leben gewühlt und versucht dir aufzuzeigen, was so alles in einem steckt und was man so alles bewegen kann, wenn man es wirklich will.

… und jetzt will ich - mein erstes E-Book schreiben!

Aber lies selbst.

Mach Dein Ding

Schreib dein erstes Buch. Egal wie es ausgeht, du hast es gewagt und ich bin sicher, du hast gewonnen! Und jetzt sind wir an dem Punkt angekommen, warum Du dieses Buch lesen solltest. Ab jetzt erfährst du, was mir auf dem Weg zu meinem ersten E-Book so alles widerfahren ist.

Erfahre:

Wie dein Time-Table immer wieder über den Haufen geworfen wird.

Wie aus wenigen, angesagten Tagen der Erstellung, plötzlich viel, viel mehr wurden.

Welche Ziele ich hatte und wie ich sie versuchte einzuhalten.

Welche Ängste und Sorgen mich immer wieder heimsuchten.

Was ich eigentlich schon zu glauben wusste und was mich wiederum gefühlt um Jahre zurückwerfen wird.

Mach dir ein Bild von den Dingen, die du zusätzlich erledigen musst, weil es ohne sie nicht geht.

Erfahre was noch so alles auf dich zukommt.

Teile mit mir die „Auf und Ab's".

Lies das Buch aufmerksam und schau genau hin. Dann wirst du bei deinem Buch viel Zeit, Aufwand und auch möglicherweise viel Geld sparen.

Kapitel 3

Die Vorbereitungs-Phase

3 Wochen vor dem Start

Ich habe die Nase voll!
Und zwar gestrichen voll. Schon wieder hatte ich mich intensiv vorbereitet und vor einigen Tagen mein Projekt zur Gründung einer Sportakademie dem Vereinspräsidenten und einem Trainerkollegen präsentiert.

Aber was passiert hier?

Es ist schier zum Verzweifeln. Nicht, wie ich es in all meinen Tätigkeitsfeldern von Geschäfts- und auch Gesprächspartnern bisher gewohnt bin, dass nach einer gewissen Zeit eine klare Aussage, mit Ja oder Nein, vorliegt. Hier passiert nichts. Genau wie in all den anderen Anfragen, einfach keine Antwort. Ich sitze zu Hause und zermartere mir den Kopf was ich nur tun kann, um meine Idee und das, für den Verein absolut gewinnbringende Verfahren umzusetzen. Da ruft eine Freundin an und ich erzähle ihr von meinem Dilemma und sie sagt einfach und trocken, vergiss deine Idee, vergiss die Leute, sie haben es nicht kapiert oder wollen es nicht kapieren. Du verschwendest nur deine Zeit und Energie.

Mach endlich etwas, bei dem du nicht von ANDEREN abhängig bist. Ups-, das saß.

Hallo! Meine Idee ist doch top und ich habe so viel Energie investiert, das kann ich doch nicht einfach hinschmeißen. Nach einem unendlich langen hin und her habe ich wirklich die Reißleine gezogen und mich gegen eine kraftraubende Weiterverfolgung meiner Sportakademien-Idee entschieden. Es sei denn, irgendjemand kommt auf mich zu. Aber was soll ich denn nun Sinnvolles tun? Wie kann ich diese und tausend andere Ideen, die in mir schlummern nun anderen nahebringen?

2 Wochen vor dem Start

Die Erkenntnis

Es sind nun vier Tage vergangen in denen ich mich mit Selbstmitleid, Selbstzweifel und der Frage „war's das" herumplagte. Es ging mir wieder richtig dreckig, ich fühlte mich wie kurz nach meinem Burn-Out, leer und ohne Motivation. Warum komme ich nicht weiter, was blockiert mich und auch meine Vorhaben immer wieder?

Fragen über Fragen und keine Antwort. Was hast du all die Monate, wenn nicht Jahre gemacht? Bist du immer nur hinter Ideen hergelaufen, für die sich keiner interessiert? Oder ist es nur ein „nicht-kapieren" von dir selbst? Ich versuche mich immer wieder neu aufzustellen.

Wahrscheinlich ist es eher so, wie es überall zu sein scheint. Jeder wurschtelt (business as usual) vor sich hin und wartet auf irgendetwas und ich bin mittendrin. Es fühlt sich an wie dicker, zäher Brei. Wie auch immer ich mir meine Gedanken zurecht lege, ich komme mir vor wie im Hamsterrad. Nur mache ich selbst das Tempo und keiner läuft mit. Wie sagte ein berühmter Fußballtrainer? Was nützt es mir, wenn ich vorauslaufe und an der nächsten Kreuzung auf diesen trägen Haufen warten muss. Kann ich wirklich einen CUT machen, raus aus dem Rad, raus aus der Abhängigkeit von Anderen? Meine ganze Arbeit und Energie, die ich investiert habe, einfach hinwerfen? Was wird dann aus meiner guten Idee? Tausende von Amateur- und Jugendtrainern würden weiter wurschteln wie bisher, der Fußball stagniert. Warum machen Proficlubs Potentialanalysen und Amateurvereine nicht? Warum interessiert das keinen DFB oder Landesverband. Scheiß drauf. Ich habe keine Lust mehr der Don Quijote im Kampf gegen „brauchen wir nicht-, bringt nichts-, haben wir schon immer so gemacht und wollen wir nicht", zu sein.

Es reicht! Ich mache jetzt was ganz anderes.

Was ich Dir sagen will:

Nimm dir die Zeit über dich und dein Leben nachzudenken. Sei ehrlich zu dir selbst und triff dann eine Entscheidung! Triff sie!!! Nur dann kannst du frei loslegen und dein erstes Buch schreiben.

1 Woche vor dem Start

Das große Aufräumen
Wieder sind einige Tage vergangen. Ich habe meine Entscheidung gefällt. Und ähnlich wie nach dem Burn-Out, habe ich auch hier den Rat meines Psychologen befolgt. Einfach alles Abwerfen was war. Dafür kannst du dir nichts kaufen und keinen interessiert es mehr. Damals habe ich (fast) alle Bilder, Videos und schriftlichen Erinnerungen an vergangene „große" und erfolgreiche Tage weggeworfen, habe mein Handicap nicht mehr versteckt und offen darüber gesprochen. Es war eine unglaubliche Befreiung. Alle Angst vor der Zukunft, Angst vor dem, was aus mir geworden ist, Angst vor der subjektiven Meinung anderer Leute oder Freunde und sogar der eigenen Familie. ALLES wie weggeblasen. Heute habe ich das Fußball-Projekt in seiner praktischen Umsetzung für beendet erklärt und alle weiteren Vorhaben in meinem Kopf storniert. Und schon wie damals, stellte sich dieses unglaubliche Gefühl von Erleichterung ein: ich war einen unglaublichen Klotz am Bein los. Ich fing an aufzuräumen und verstaute alle teuer angeschafften Utensilien schön in Kartons und stellte sie in die hinterste Ecke im Keller. Sie wegzuwerfen wäre dumm. Schließlich handelt es sich um hochtechnische und sehr teure Gerätschaften. Ich fühlte mich befreit. Kein Hamsterrad, keine quälenden Gedanken wie ich das alles korrekt hinbekomme, wie es weitergeht, waren mehr da. WUNDERBAR

Was ich dir sagen will:
Es ist völlig egal was du beruflich machst, wenn du das Gefühl hast, dass das, was du gerade machst, um deine Brötchen zu verdienen, dich nicht ausfüllt, dann wirf diese Gefühle über Bord. Mach deinen Job solange du davon leben musst, aber investiere deine Energie nicht, um Frust und Ärger zu bewältigen, sondern **hab Mut** - Investiere in dein neues Vorhaben!

Ich weiß, du schaffst das!

Nur noch 7 Tage bis zum Start

Der Entschluss
Es hat wiederum zwei Tage gebraucht, bis ich ein klares Bild von dem hatte, was ich machen kann und will. Ich will bei der Umsetzung meiner Ideen, Träume und Fantasien von nichts und niemandem mehr abhängig sein, niemandem mehr hinterherlaufen und „BITTE BITTE" sagen müssen. Ich will etwas machen, was es mir möglich macht, ohne dass ich mich erklären oder gar schämen muss, andere von meinen Ideen, Lebenserfahrungen und Vorhaben zu informieren und zu begeistern. Hatte ich doch bisher in all meinen Projekten immer wieder Erklär- und Präsentationsvideos erstellt und feststellen müssen, dass selbige zum aktuellen Zeitpunkt kein breites Publikum fanden bzw. dieses nicht zu erreichen war. Unzählige Präsentationen, YouTube-Veröffentlichungen und auch das Einstellen auf der eigenen Homepage brachten kaum Aufrufe. Erst der Betrieb einiger Facebookseiten und der Aufbau von Netzwerken trug dazu bei, dass die Zahl der Follower ständig gewachsen ist. Wie viele auch immer meine Videobeiträge sahen, bis auf einige wenige gab es kaum ein erhofftes Feedback. Die Idee, über einen Blog oder ein Interessenforum in einen regen Austausch zu gelangen, zeigte sich als Trugschluss. Das aber sehr viele meine Beiträge angeschaut haben, entfachte in mir den Gedanken, die da draußen interessieren sich für deine Beiträge, sind aber nicht bereit sich weitere Gedanken zu machen. Viel lieber warten sie auf das, was da noch kommt. Und genau hier ging mir ein Licht auf.

Mensch Junge sagte ich mir, schreib einfach nieder, was du sagen willst. Mach das was du schon immer mal machen wolltest
Schreib (d)ein Buch!

Was ich dir sagen will:
Frag nicht nach dem Dialog
– sag was du zu sagen hast und

Schreib (d)ein Buch!

Nur noch 6 Tage bis zum Start

Die Recherchen
Was macht man, wenn man keine Ahnung hat? Man googelt! Gute Idee - Also setzte ich mich hin und fing an mit: Wie schreibe ich ein E-Book? Antwort: Unzählige Seiten mit unzähligen Hinweisen, Tipps und Informationen. Darunter dann ähnliche Suchanfragen zu „wie schreibe ich ein E-Book?", „E-Book schreiben und Ideen", „E-Book schreiben und Anleitung", „E-Book schreiben und Geld verdienen" und so weiter und so weiter. Ich weiß nicht, wie viele Seiten ich geöffnet habe und wie viele Stunden ich nur damit verbracht habe bis ich jedes Mal erneut feststellen musste, „das ist es aber doch nicht, was du wissen willst". Von einem Link zum nächsten und wieder eine weitere Unterseite. Ich verlor komplett den Überblick. Ich habe den PC heruntergefahren und bin in die Stadt gefahren. Einfach bummeln – abschalten. Irgendwann werde ich es wieder angehen, aber im Moment habe ich die Nase erst einmal voll.

Ich war wirklich platt!
Aber es scheint wohl in meiner Natur zu liegen, dass ich, kaum wieder zu Hause, nochmal KURZ nachschauen wollte, ob es doch noch irgendeine exakte Aussage zu meinem Vorhaben und vor allem zu meinen Fragen gibt. Ich wollte doch nur eine Seite finden, die genauso denkt wie ich. Alles andere verwirrt mich nur noch mehr. Schließlich will (muss) ich verstehen was da passiert. Denn eins war mir schon klar, wenn ich einfach drauf los schreibe und nicht einmal weiß in welchem Format, dann würde es mir wie so oft gehen, „falsche Taste gedrückt" und alles ist weg. Das wollte ich auf keinen Fall.

Aber es schien ein endloses Unterfangen. Also begann ich, mir den ein oder anderen Link unter Favoriten abzulegen.

Kann ja morgen nochmal reinschauen.

Nur noch 5 Tage bis zum Start

Der E-Bookinator
Gestern hatte ich mir vor lauter Verzweiflung einige Links unter den Favoriten abgespeichert. Und ich war fest entschlossen, bei meinen weiteren Recherchen nach der „wirklichen Hilfe", nur noch diese Links zu öffnen. Und wenn da nichts dabei ist, fange ich einfach mal an! Die einen würden sagen, es war reines Glück, die anderen „Bestimmung". Ich klickte auf: https://ebook-schreiben-und-verkaufen.de/.

Was es auch war oder besser, was es sein wird, weiß ich jetzt noch nicht genau. Aber eins wurde mir schnell klar. Da ist jemand, der schreibt was du denkst. Ich klickte die Seite an und las nur die ersten paar   Zeilen

Hi, ich bin Christian Költringer.

Ich verdiene meine Brötchen ausschließlich im Internet. Und für einen Großteil meiner Einnahmen sorgt der smarte Verkauf gefragter E-Books, die erstklassigen Mehrwert liefern und einer bestimmten Gruppe von Menschen helfen, ein dringliches Problem zu lösen oder einen sehnlichen Wunsch zu erfüllen. Du bist goldrichtig auf dieser Seite, wenn Du nicht auf schnell verdientes Geld aus bist, sondern Dir durch die Erstellung großartiger Inhalte und Ratgeber ein langfristig erfolgreiches Online-Business aufbauen möchtest
(Originaltext aus der Homepage ebook-schreiben-und-verkaufen.de veröffentlicht mit freundlicher Genehmigung von Christian Költringer).

Diese Aussage imponierte mir sehr!
Was mich aber fesselte, war der Hinweis auf den „E-BOOKINATOR" und der Aufforderung, mir die kostenfreie Leseprobe zu holen!

Gleich morgen werde ich sie mir holen!

Kapitel 4

Die letzten Schritte vor dem Start

Die Leseprobe

Der E-Bookinator ist ein vollständiges A-Z Handbuch für das schnelle Schreiben und das erfolgreiche Verkaufen gefragter E-Book Ratgeber.

Du erfährst darin unter anderem:

> - **Wie** du auf lukrative E-Book-Ideen kommst.
> - **Wie** du deine Ideen auf Profitabilität überprüfst.
> - **Wie** du an großartige Inhalte für dein E-Book kommst.
> - **Wie** du das E-Book schreibst oder schreiben lässt.
> - **Wie** du dein E-Book für den Verkauf richtig "aufpolierst".
> - **Wie** du innerhalb des E-Book zusätzliche Verkäufe machst.
> - **Wie** deine E-Book-Verkaufsseite aussehen muss.
> **Wie** du dein E-Book im Internet gewinnbringend vermarktest.

An diesem Morgen wachte ich mit einem ungeduldigen Gefühl, ähnlich wie früher am Heiligen Abend, auf. Irgendetwas sagte mir, gib Gas, schmeiß den PC an und lies, was es in dieser kostenlosen Leseprobe des „E-BOOKINATORS" denn so Spannendes gibt. Also fuhr ich den PC hoch, checkte noch kurz meine Mails und Facebook, bevor ich unter den Favoriten auf den besagten Link klickte und mir die kostenlose Leseprobe heruntergeladen habe. Ich weiß nicht, wie lange ich vorm PC gesessen habe und Punkt für Punkt aufsog ... und oh Wunder, ich verstand, was er da sagte. Aber was noch viel besser war, es machte plötzlich „KLICK" und ich verstand, dass hinter dem Schreiben eines Buches, was für mich zurzeit noch das Wichtigste und auch Schwierigste schien, eine optimale Vorbereitung das Entscheidende ist. Herr Költringer verstand es, mir die Angst vorm Schreiben, Formatieren und Veröffentlichen mit nur wenigen Worten zu nehmen. „Du wirst dein Buch in 5 Tagen veröffentlichen", „Du wirst sehen, das Schreiben selbst läuft wie von selbst!". Er lenkte meine ganze Aufmerksamkeit auf den „roten Faden", der wichtig ist, um erfolgreich ein E-Book zu erstellen. Ein Wunder! Mit so wenigen Worten hatte ich auf einen Schlag nicht nur einen Leitfaden bzw. eine verständliche Anleitung (nicht so wie in den skandinavischen Möbelaufbau-Anleitungen), sondern auch richtig Mut und Lust loszulegen. Und zwar Step by Step. Ich investierte meine ersten 39,- Taler (Euro) für den *E-Bookinator.*

Der E-Bookinator

Da ist das DING!

In nur 3 Minuten hatte ich meine Onlinebestellung abgeschlossen und den Link zum Download vorliegen. Ich öffnete ihn und begann zu lesen. Da waren die schrittweisen Anleitungen, aber die ignorierte ich. Ich wollte wissen, ob es wirklich das ist, was mir weiterhelfen würde oder, ob es nur mal wieder so ein „hohles Bla-Bla" ist, wie ich es schon zigfach gelesen habe. Ich war begeistert und fasste den Entschluss, gleich morgen werde ich mit Schritt 1 aus dem E-Bookinator, loslegen! **Nur noch 3 Tage bis zum Start**

Das feierliche Versprechen

Im ersten Schritt empfiehlt der Autor, dass man den Kopf frei bekommt und sich Gedanken über, das was man vorhat, macht. Über Ziele, Hoffnungen und auch Ängste. Also setzte ich mich hin und überlegte, was denn so alles passieren könnte. Einer der wichtigsten Punkte jedoch war, was würden meine Familie und Freunde dazu sagen. Schließlich will ich ja auch Dinge schreiben, die nicht direkt auf mich zurückzuführen sind und die meiner Fantasie entspringen. Hatte ich doch schon diverse Erfahrung mit Kommentaren, die ich in Facebook zu Berichten abgegeben habe und von einer Handvoll „Idioten", völlig unsachgemäß zerrissen wurden. Oder auch auf Videoclips und Beiträge aus meiner Serie „Leistungsdiagnostik im Amateur- und Jugendfußball", die zum Teil auf „gefährlichem Halbwissen" basierten und völlig an der Sache vorbei gingen und dennoch, ein fades „Geschmäckle" (wie der Schwabe sagt), hinterlassen haben. Dann aber kam ich zu dem Abschnitt:

„Das feierliche Versprechen"

Den exakten Inhalt darf ich an dieser Stelle nicht wiedergeben. Nur so viel, alles soll solange geheim bleiben bis ich fertig bin.

Ich habe es geschworen!

Mein Entschluss steht!
Ich habe mir den E-Bookinator von der ersten bis zur letzten Seite durchgelesen und verstanden. - *Denke ich wenigstens!*

Nur noch 2 Tage bis zum Start

Die Findung der Buchtitel
Jetzt ist es endlich soweit! Ab jetzt werde ich die vom E-Bookinator vorgegebenen Punkte Stück für Stück abarbeiten und mich langsam in Richtung meines ersten E-Books bewegen. *Ich brenne vor Tatendrang!* Christian, so heißt der Autor des Ratgebers, empfiehlt mir, nachdem ich erst einmal alle vorherigen Dinge erledigt habe, mich hinzusetzen und alle störenden Dinge wie Telefon, Fernsehen, etc. um mich herum abzustellen. *Jetzt schon eine Pause einlegen?* Ich habe doch noch gar nichts getan! 30 Minuten sagt er, solle ich nichts tun, wirklich nichts und denken schon gar nicht. Wie soll das denn gehen? Mein Kopf arbeitet auf Hochtouren! Aber - Vorgabe ist Vorgabe! Also lege ich mich aufs Bett, schließe die Augen und versuche wirklich abzuschalten und an nichts zu denken.

DENKSTE!
In meinem Kopf werden schon tausend Bücher geschrieben und Ideen umgesetzt. Ich zwinge mich (vergebens) Ruhe zu bekommen. Wie gesagt, vergebens. Ruhe, aufräumen, den Arbeitsspeicher leeren und die CPU (Prozessor) ausschalten, Mann, ist das schwierig! *Siehe da, es geht!* Je weniger ich mich anstrengte, umso mehr reduzierte sich die Tätigkeit in meinem Gehirn. Dann war da plötzlich Ruhe. Und zwar so viel, dass ich fast eingeschlafen bin. Aber dann wanderte mein Blick auf die Uhr und aus den 30 vorgegebenen Ruheminuten waren mittlerweile 1 ½ Stunden geworden. Danach sollte man sich hinsetzen und in einer Art Brainstorming alles aufschreiben, Es sollten nur die Titel der

jeweiligen Bereiche/Themen, sprich Bücher, die ich schreiben möchte, aufgeschrieben werden. Alles was mir so in den Kopf kommt, ohne es zu sortieren bzw. zu gewichten. Das sollte später kommen. Und es sollte alles von Hand aufgeschrieben werden. Nicht am PC! *Mein Gott - schreiben und dann auch noch mit einem Kugelschreiber. Wo ich doch Bleistifte liebte… wie soll das gehen?*

... und wieder zeigte sich - es geht!
Ich nahm mir einen Collegeblock (gebundene Notizblätter) und teilte die ersten Seiten in Spalten. In der linken Spalte (zwei Zentimeter) schrieb ich vor jeder Idee (die ich in der zweiten Spalte formulierte) nur die Buchstaben RO für Roman und FB für Fachbuch oder kombinierte beide (RO/FB), da ich noch nicht wusste, ob aus meinem E-Book-Vorhaben nun ein Roman oder ein Fachbuch bzw. eine Anleitung werden würde. Kaum hatte ich das Blatt vorbereitet (zwei Spalten), begann es in meinem Kopf zu arbeiten. Ich schrieb das Thema zuerst auf, das ich schon seit langem im Kopf hatte.

Mein erstes E-Book wird heißen:
FB | **Leistungsdiagnostik im Amateur- und Jugendfußball**
... und oh Wunder, plötzlich sprudelten meine Ideen nur so. Nach der 5. Idee fiel mir plötzlich auf, dass ich zwar das Thema der Ideen aufgeschrieben hatte, aber die Kurzbeschreibung (Erinnerung: worum es bei dem Thema überhaupt geht und was ich eigentlich sagen will – FEHLT. Also ergänzte ich die ersten, handschriftlich notierten Ideen um den Punkt der „Ideen-Erinnerung" (Beschreibung).

Idee   **1**
FB | Leistungsdiagnostik im Amateur- und Jugendfußball   … warum ist das so wichtig

Idee   **2**
RO | Die neue Generation der EGOMANEN   …. Die sogenannten ICH-Menschen.

Mann-o-Mann!

Hätte ich doch ein wenig mehr nachgedacht, hätte ich jetzt nicht so eine „Schmiererei" auf meinem Block!

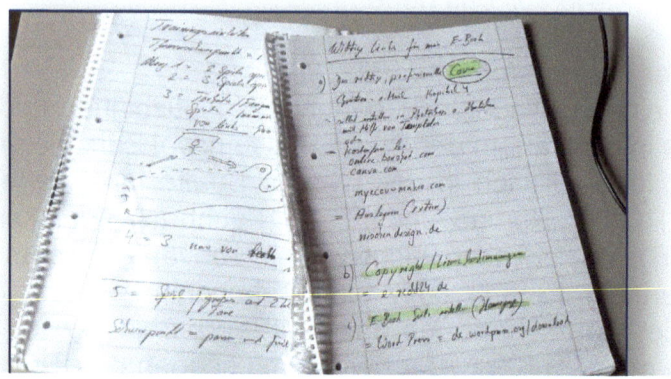

Siehste, sagte ich mir und besonders an Christian gerichtet-, *deshalb verwende ich doch so gerne einen Bleistift.* 😊

Ich habe das gemacht, damit ich mich sofort wieder an die Inhalte, die ich in meinem Buch an den/die Mann/Frau bringen will, sofort wieder erinnern und so gedanklich auch wieder schnell einsteigen kann.

Im E-Bookinator wird das Auflisten von mehreren Themenbereichen (Buchtiteln) vorgeschlagen. Aus diesen soll dann später recherchiert werden, welche Themen eher erfolgsversprechend sind und welche weniger. Und zwar unabhängig vom Inhalt. *Ich war im Flow* (Fluss) und ich glaube, ich habe in den letzten Jahren noch nie so viel an einem Stück mit der HAND geschrieben wie heute. Seite um Seite füllte sich und am Ende waren es 39 Themen (Roman bzw. Buchtitel)! Viele weitere Buchtitel kamen im Laufe der nächsten Tage hinzu. Schrieb ich mir doch ab jetzt JEDE Idee für ein E-Book auf.

„Denn Gedanken, die nicht aufgeschrieben werden, sind oft, schnell und für immer verloren", sagt Christian.

Kapitel 5

Tag „0"

Ab heute geht's los!
Ich muss gestehen, dass ich eigentlich schon am Schreiben bin. Und zwar an meinem ersten E-Book mit dem Titel: **Leistungsdiagnostik im Amateur- und Jugendfußball.** Es wird ein Fachbuch (FB). Wenn auch nur ein „Leichtes".

Was mache ich da eigentlich?
Ich beginne unwillkürlich mit dem zweiten (diesem) Buch, noch bevor ich mein erstes fertig habe. Aber die Idee einer Dokumentation entstand schon nach wenigen Recherchen zu meinem ersten Buch-Schreib-Wunsch. Es wird erst zu Ende geschrieben sein, wenn das erste Buch veröffentlicht wurde. Schließlich willst du doch wissen, wie es mit mir und meiner Gefühlswelt weiter ging und was möglicherweise auch dich auf deinem Weg zum ersten E-Book erwartet.

Wie irre ist das denn?
Denn laut Vorgabe sollte ich mich fallen lassen und 30 Min. über den schönsten Ort schreiben, an dem ich mich je aufgehalten habe. Aus dieser Reportage entstand dann quasi unbeabsichtigt diese Dokumentation. Bis hierhin bin ich gekommen (3 Stunden) und ab jetzt halte ich mich an die Vorgaben. *Bestimmt -* ☺ Deshalb spreche ich ab hier auch nicht mehr in der Vergangenheitsform, sondern in der direkten Zeit, im „hier und nun". Also, wir haben heute Freitag, den 18.05.2018. Seit etwa einer Stunde sitze ich vorm PC und schreibe nieder, was ich in den Tagen vor dem HEUTE getan und was ich gefühlt und vor allem über das, was ich durchgemacht habe. *Bis hierhin hast du es schon gelesen und weißt bestens Bescheid.* Ab jetzt erfährst du quasi live, was in mir vorgeht und was ich noch alles tue oder auch nicht tue, bis das erste E-Book tatsächlich veröffentlicht wird. *Pause … nach einem Kaffee lege ich los!*

Die spezielle Technik

Nach dem E-Bookinator und der darin erwähnten Technik, ist es wichtig, schon am Anfang zu ermitteln, welche Themen gefragt und welche weniger gefragt sind und ob es sich lohnt, ein Thema zu veröffentlichen. Wie genau das geht, erfährst du wunderbar dargestellt im E-Bookinator von Christian Költringer.

Es ist jetzt 14:15 Uhr! Ich lege los! Als erstes erstelle ich mir nun eine Excel- Datei mit 5 Spalten.

Spalte 1= für die Bewertung (Ergebnisse aus Google),
Spalte 2= Thema: 1.Suchtext (wie würde ich bei Google suchen),
Spalte 3= Thema: 2.Suchtext (wie würde ich bei Google suchen).
Spalte 4= Thema: 3.Suchtext (wie würde ich bei Google suchen).

Den Suchbegriff, der am meisten aufgerufen wird, kennzeichne ich mit Rot und setze die entsprechende Suchanfragenzahl dahinter.
Spalte5= (RO=Roman/FB=Fachbuch).

Da ich mich in Excel gut auskenne, habe ich hierfür keine 2 Minuten benötigt. Nun werde ich alle meine bis dato angedachten Themen in die Tabelle einpflegen. Aus der ich mir dann auch die „Such-Themen" jeweils in Google kopieren kann.

Endlich fertig!
Hat länger gedauert als ich dachte. Ich habe nun 2 Stunden gebraucht, um die 39 Themen - oh sorry - es kam noch eine hinzu, also jetzt 40, in die Tabelle einzutragen. Das unerwartete Problem dabei war, dass ich in meiner Liste immer nur einen „Titel" und einen Untertitel handschriftlich vergeben hatte. Jetzt brauchte ich ja einen weiteren Untertitel (Suchbegriff).

Ich bin erst einmal geschafft und brauche eine Pause!

Samstag - Tag 1

Die Google-Recherche

In Wahrheit habe ich ein wenig Bammel vor der Google-Recherche. Jetzt soll ich mich zurücklehnen und nochmals 30 Min. damit verbringen, mich zu sammeln und dann gezielt zu suchen. *Puh…* Was wird mich da alles erwarten und komme ich damit überhaupt klar? Fragen über Fragen und ständig dieses Gefühl im Bauch, das man hat, wenn man etwas gar nicht tun möchte. *Hilft nichts. Ich muss weitermachen.* Also fing ich an, den ersten Buchtitel in das Google Suchfenster zu kopieren. Wie erwartet, kamen gefühlte 1000 Berichte zum Vorschein. Ich begann, fleißig und korrekt wie ich bin, jeden einzelnen der Reihe nach anzuklicken, um zu sehen, was sich dahinter verbirgt. *Mein Gott!* Ich hatte schon so viel in meinem Leben nach Gott und der Welt recherchiert. Aber was ich hier sah, bestätigte nur mein Bauchgefühl. Wenn ich hier kein System bzw. eine Ordnung hineinbekomme, dann werde ich noch in 100 Jahren hier sitzen und recherchieren.

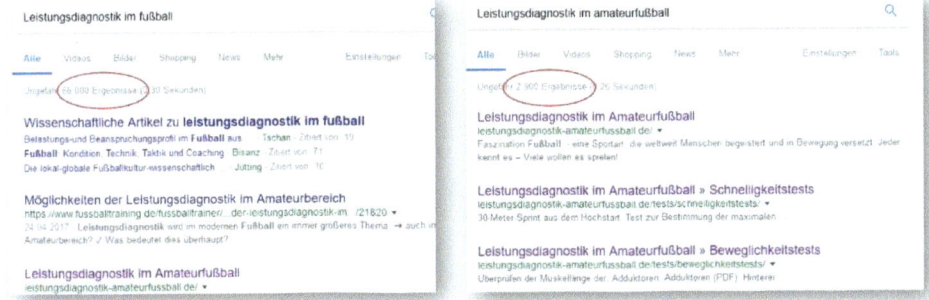

Nicht aufgeben!

Ich probierte nun die beiden Alternativen zu meinem ersten Buchtitel, dann die nächsten 3 Bücher, die ich schreiben wollte. Es änderte sich nichts. Ich geriet in einen Abwärtsstrudel. Von Ergebnis zu Ergebnis schwand mein Überblick und damit auch meine Hoffnung, dass ich in nur wenigen Tagen mein erstes Buch veröffentlichen werde. Ich weiß nicht, wie lange ich recherchiert habe. 4-5 Stunden bestimmt. Dann habe ich mich entschieden, diesen Punkt, werde ich überspringen!

Sonntag -Tag 2

Die absolute Flaute

Die Google-Recherche von gestern lief mir noch nach. Warum gelang es mir nicht, mir ein klares Bild von „Beliebtheit, Einzigartigkeit und den wirklichen Anfragewerten zu verschaffen. Irgendetwas schien ich falsch zu machen. Also schnappte ich mir wieder den E-Bookinator, um herauszufinden, warum ich es nicht schaffte und was der nächste Schritt ist, um diesen eventuell vorzuziehen. Schließlich lautete meine Devise ja immer noch: Aufgeben gibt's nicht! Aber auch das half heute nicht weiter. Es schien mir plötzlich alles so extrem komplex. Ein Punkt griff in den nächsten und mit jedem Punkt wuchsen die „Böhmischen Dörfer". Affiliate Links, Verweise, Quellen, Märkte und Leserklientel, Verlage und Veröffentlichungsverfahren, Cover und Aufmachung, Urheberrechte, Datenschutz und Vertriebswege... und, und, und.

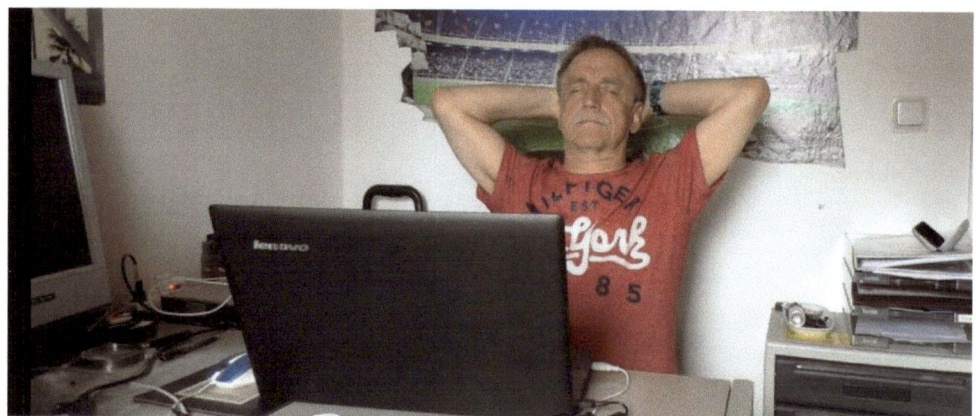

Wo sollte ich jetzt bloß ansetzen?

NIRGENDWO, denn ich erkannte, dass heute nichts mehr gehen würde und fuhr meinen Laptop runter.

Das machte ich ab sofort immer dann, wenn ich an einem Punkt angelangt war, wo NICHTS mehr ging.

ontag - Tag 3

Die Erleuchtung

Der Gedanke, dass ich nicht weiterkommen würde, hatte mich schon die halbe Nacht gequält. Das war genau das kontraproduktive für meinen Genesungsgang (Burn-Out).

Ich wachte schon früh auf und spürte diese Unruhe. Ich musste eine Entscheidung fällen. Entweder quäle ich mich weiter durch eine Materie, oder ich werfe alles hin. Ich traf den Entschluss (eigentlich hatte ich in schon in der Nacht getroffen), Christian vom E-Bookinator, ein Mail zu schreiben und ihn um Hilfe zu bitten. Gesagt, getan. Also wartete ich auf die hilfreiche" Antwort, die mir alle Fragen im Handumdrehen beantworten würde. In der Zwischenzeit beschäftigte ich mich mit meinem ersten E-Book und zwar der Gestaltung des Covers.

Plong! **E-Mail für Dich** *(wie im Film)*

Es war Christian. So schnell hatte ich die Antworten auf meine Fragen nun wirklich nicht erwartet. Er hatte sie schön Punkt für Punkt abgearbeitet. Aber es waren Aussagen, die zwar die Punkte beantworteten, mir aber nicht zu dem erhofften Rückgewinn des sowieso nicht vorhandenen Überblicks verhelfen sollten. Ich wollte ihn nicht weiter quälen, also fuhr ich fort mit meiner Covergestaltung. *Mein nächstes Problem!*

Zu meiner aktiven Zeit kannte ich mich sehr gut mit Photoshop aus. Doch jetzt lief mein Photoshop auf der aktuellen Win10 Version nicht mehr. Also lud ich mir mit Paint.net ein kostenloses, Photoshop ähnliches Produkt herunter und bastelte mühsam herum, um ein halbwegs sauberes Cover zu erstellen. *Gefühlte 5 Stunden später hatte ich kapiert wie's funktioniert.*

Mittwoch Tag 5

Endlich geht's los!

Ich habe mich wieder ein wenig ablenken lassen. Es ist immer das Gleiche. E-Mail geöffnet und schon hängst du wieder mit lesen und Antworten schreiben fest. Und so vergeht die Zeit. Aber das Entscheidende ist, deine Gedanken an das Schreiben sind auch wieder futsch und du brauchst wieder einige Minuten bis du anfängst. Aber jetzt leg ich los! Ich habe jetzt in zwei Stunden die Struktur für meine Seiten festgelegt und angefangen zu schreiben. Es läuft. Christian vom E-Bookinator scheint recht zu haben. Wenn du einmal am Schreiben bist, dann läuft es fast von selbst. Es sei denn, du lässt dich ablenken. Was ich natürlich auch jetzt wieder gemacht habe. Ich habe mich doch bei einem Affiliate- Provider angemeldet und natürlich wieder eine Absage erhalten. Meine angegebene E-Mail Adresse stimmt nicht mit der aus meinem Kontaktformular überein. *Das nervt!* Also habe ich auf die Schnelle die E-Mail Adresse in meinem Kontaktformular geändert. Neu anmelden werde ich mich erst, wenn ich mein erstes Buch und auch dieses fertig gestellt habe. Dann werde ich mich, soweit es geht, mit all diesen Dingen wie: Affiliate-Marketing, Werbebannern, Social-Media, und was weiß ich noch, befassen. Sollen ja alles Dinge sein, die helfen das Buch zu vermarkten und zusätzliche Einnahmen zu erzielen. Eins weiß ich jedoch: Wenn ich so weitermache, hin und her springe, dann werde ich bald wieder den Überblick verlieren. Ab jetzt werde ich meine Mails nur noch nach getaner Arbeit lesen und beantworten.

So und jetzt schreib ich weiter! Ohne weitere Ablenkung!

Kapitel 6

Book on Demand (BOD)

Dienstag Tag 4

Das Wunder

Ich hatte mich entschieden, einfach loszulegen und mir alle anderen Dinge dann später, nach dem Motto „Learning by doing", anzueignen und genau nach dem E-Bookinator abzuarbeiten. Ich ging noch einmal in „Google" und suchte nach dem „einfach loslegen, den Rest machen wir!" Bingo – Ich landete bei www.Books on Demand (BoD)

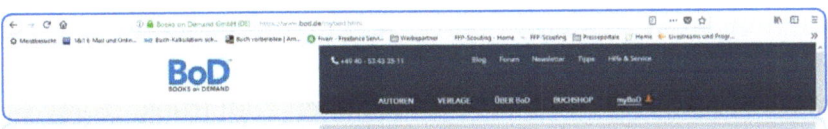

In weniger als einer Minute hatte ich kapiert, dass diese Seite genau das Richtige für MICH war. Hier ging es diesmal nicht um Hintergründe und Strategien, mit denen ich mich aber auf jeden Fall, sobald ich Zeit habe, beschäftigen werde, sondern vielmehr Punkt für Punkt loszulegen und abzuarbeiten. Ich meldete mich an: 1. E-Mail Adresse und ein Passwort angeben. 2. E-Mailerhalt bestätigen. 3. FERTIG. Jetzt hatte ich den Zugang zu BOD und konnte mich problemlos einloggen (Völlig kostenlos). In der Navigation wurden mir 6 Schritte bis zum fertigen E-Book angezeigt.

Schritt 1: **Produktauswahl** (E-Book oder normales Buch)
Schritt 2: **Das Buch** (Basisinformationen wie Titel und Preiswunsch)
Schritt 3: **Kataloginfo** (Angaben zu Titel, Autor, Schlagwörter, etc.)
Schritt 4: **Easyeditor** (Cover erstellen (per Vorlage oder eigenes)
Schritt 5: **Zahlungsinformationen** (Bankverbindungen, etc.)
Schritt 6: **Bestätigen/absenden**

Easy! Sage ich mir und beschließe direkt morgen loszulegen und endlich anzufangen!

Mittwoch Tag 5

Mein erstes E-Book
– Leistungsdiagnostik im Amateur- und Jugendfußball

Es ist Mittwoch und ich bin schon früh am PC. Habe mir fest vorgenommen, mich heute den ganzen Tag nur um mein erstes E-Book zu kümmern und endlich richtig mit dem Schreiben anzufangen. Da es noch früh 8:30 Uhr ist, beschließe ich das BOD-Programm zu öffnen und dort erst einmal die ersten Step's abzuarbeiten. Also wähle ich mein Produkt – E-Book schreiben – aus. Klicke weiter und lande bei der Rubrik „Das Buch – Basisinformationen". Hier wird nach Titel und Titelinformationen, Autor und Autorinformationen sowie dem Preiswunsch für das entstehende Buch gefragt. Ich fülle alles brav aus und speichere ab. Als nächstes gelange ich zum Punkt „Easy Editor" - Cover Erstellung. Och easy - denke ich! Gibt es doch Vorlagen. Aber schnell stelle ich fest, es ist keine dabei, die mir gefällt. Also hole ich mir die nötigen Angaben für Seiten und Pixelgröße und wechsle zu paint.net, ein Grafikprogramm, welches ich mir schon vor Wochen kostenlos heruntergeladen habe. Ich fange an, mein Cover zu entwerfen. Bilder habe ich noch aus meiner Homepage www.ffp-scouting.com. Aber wieso immer, es vergehen gefühlte Stunden bis man wieder halbwegs im Programm drin ist und die Funktionen beherrscht. Aber es geht viel schneller als ich gedacht habe. Für die anderen Bücher muss ich mir wohl Bilder bei Fotolia oder anderen Bildshops kaufen. Nach zwei Stunden stand mein Cover und ich war stolz darauf. Jetzt noch im richtigen Format abspeichern und hochladen.

Leistungsdiagnostik
im Amateur- und Jugendfußball

Sinnvoll oder nur zusätzliche Belastung?

Eine hilfreiche Information für ALLE
Trainer, Betreuer und Vereine
zur Optimierung von Spielern, Teams und Vereinsstrukturen!

Theo Gitzen

Fertig!

Schritt 4 bei meinem Buchverlag BoD ist erledigt.

Donnerstag Tag 6

Die Schreibwut ist ausgebrochen

Irre! Erst fing es ganz langsam an, aber dann. Schnell, waren die ersten Seiten angelegt. Inhaltsverzeichnis (natürlich noch leer), Vorwort und Einführung. Ich brauche sonst meine 2 Tassen Kaffee und ein großes Glas Wasser damit ich fit werde. Doch ich war schon 3 Stunden am Schreiben. Es sprudelte nur so aus mir heraus, ich merkte gar nicht, dass ich weder Kaffee, noch Wasser getrunken habe. *Pause!* Augen brennen und plötzlich meldet sich der kleine Hunger. Mist, denke ich. Hätte doch jetzt ohne Ende weiterschreiben können. Aber ich war stark und sagte mir, dass eine Pause jetzt genau das richtige ist. Neue Energie tanken und heute Nachmittag geht's dann weiter. *Gesagt, getan.* Ich habe noch 2 volle Stunden geschrieben und meine ersten Kapitel abgeschlossen. Aber eins wollte ich noch tun. Ich wollte noch mit dem Support von DOB telefonieren. Hatte ich doch noch ein paar Fragen. *Wie sieht es mit Hinweisen auf meine Bücher aus?* Wo sind diese gelistet und wie kann ich all meinen zukünftigen Lesern über Facebook, WhatsApp oder auch Besuchern meiner Homepage sagen, wo sie weitere Bücher von mir finden und kaufen können. *In welchem Format veröffentliche ich meine Bücher?* PDF Word oder andere Formate?

Antwort!
Schreiben Sie, den Rest machen wir!

Super – Aber so richtig traue ich der Sache noch nicht! Wie sich kurz vor Ende herausstellte lag ich richtig mit meinem unguten Gefühl.

Freitag Tag 7

Die Schreibwut hält an!

Es läuft! Heute Vormittag bin ich erst einmal in eine Bibliothek gegangen. Hatte mal wieder eine sehr unruhige Nacht. Tausend Gedanken schwirrten in meinem Kopf herum und raubten mir einige Stunden Schlaf. Das Einzige, was wirklich aus den Wachphasen geblieben war, war die Absicht, mir doch mal ähnliche Fachbücher anzuschauen. Wie die gestaltet sind und wie so ein Buch, mit und ohne Bilder, auf mich wirkt. Ich war nicht wirklich überrascht. Mir gefielen die mit wenigen Bildern besser als die ohne oder auch mit zu vielen Bildern. Deshalb beschloss ich, in mein erstes Buch an den entscheidenden Stellen Bilder und Grafiken einzusetzen. In dem Buch, das du jetzt vor dir liegen hast, werde ich auch noch nachträglich Bilder von mir und passenden Szenen zum Thema einbauen. Ich weiß, das wird mich wieder einige Tage kosten. Aber schließlich sollst du nicht ein trockenes Buch vorliegen haben, sondern beim Lesen auch optisch (wenn die Bilder gut werden) Unterstützung finden. Der Vormittag ist um und jetzt geht's erst einmal zu Tisch und dann werde ich fleißig weiterschreiben. Gesagt, getan. Ich habe heute noch fast 3 Stunden geschrieben und bin schon ganz schön weit gekommen.

Samstag Tag 8

Ich bin richtig fleißig!

Es ist warm und ich sitze mit dem PC auf dem Balkon unterm Sonnenschirm. Mit meinem ersten Buch „Leistungsdiagnostik im Amateur- und Jugendfußball" bin ich schon richtig weit gekommen. Mit ein paar kurzen Unterbrechungen habe ich auch heute wieder 3 ½ Stunden geschrieben, Bilder ausgewählt und an den entsprechenden Stellen eingefügt. Es ist nicht so einfach, den Text um die Bilder herum zu platzieren. Aber mit ein bisschen Mühe, ist es mir dennoch gelungen. Mein größtes Problem waren die Bilder, die ich einfügen wollte. Ich war mir sicher, dass ich sie alle sauber in Ordnern auf meinem PC abgelegt hatte. Das war aber leider nicht der Fall. Ich beschäftigte mich deshalb heute mehr mit suchen, anpassen und neugestalten, als mit dem Schreiben selbst. Ich habe mir fest vorgenommen, bei meinem nächsten Buch erst einmal eine grobe Skizze, handschriftlich und mit Bleistift, zu erstellen um so, erstens die Anzahl der benötigten Bilder zu ermitteln und zweitens zu wissen, was sie aussagen sollen. Dann werde ich ALLE in einem Ordner ablegen, um so sofort auf sie zugreifen zu können, bevor ich wieder anfangen muss, Bilder zu suchen und zu kreieren. Ich habe das 3. Kapitel, Absatz 4 meines Fachbuches fertig. Fehlen mir nur noch xxxx. Kapitel bis zum Ende. Aber auch das werde ich schaffen. Jetzt erst einmal ein Break und dann geht's weiter (vielleicht!) -☺

Sonntag Tag 9

Die Suche nach Bildern!

Heute habe ich den ganzen Nachmittag, mit kleinen Unterbrechungen, damit verbracht, die Optik meiner Beschreibungsseiten in meinem E-Book-Entwurf „Leistungsdiagnostik im Amateur- und Jugendfußball", durch das Einfügen von themenbezogenen Bildern aufzupeppen. Dazu musste ich bei vielen Bildern einfach nochmal nachbessern. Das heißt: Ich habe bestehende Bilder so wie sie sind, nicht verwenden können. Entweder es waren Personen darauf, von denen ich keine Freigabe habe, oder ich hatte Texte eingebaut, oder sie waren einfach nur schlecht. Aber das größte Problem bzw. der größte ZFF (Zeit-Fress-Faktor) bestand darin, dass ich zwar viele Bilder und auch Bildmontagen bzw. eigens erstelle Collagen hatte, diese aber in „tausend" Bild-Unterordnern, unter unterschiedlichsten Bezeichnungen, abgespeichert hatte. So habe ich zum Beispiel eine Bilderserie einmal unter LD-Sprint, ein andermal unter Sprint-LD oder Leistungsdiagnostik-Sprintwerte, etc. abgespeichert. Ich empfehle dir an dieser Stelle, mach das was ich schon vor einigen Tagen angekündigt, aber nicht umgesetzt, habe, sortiere erst einmal alle Bilder, Diagramme, Skizzen, etc., die du möglicherweise benutzen wirst und speichere sie in einem schnell auffindbaren Ordner, „BILDVORLAGEN". Zum Beispiel: Du schreibst über Blumenerde im Rosenbeet, dann gib dem Unter-Ordner den Namen „Bilder-Blumenerde" und alles was du an Bildern, Collagen, Grafiken, etc. dazu hast, rein in den Ordner! Es spart dir viel Zeit und Aufwand (Ärger).

Montag Tag 10

Wieder rumgetrödelt!

Nachdem ich gestern fast verzweifelt bin und es dennoch halbwegs hinbekommen habe, Bilder zu sortieren und neue Collagen anzufertigen, mache ich dennoch festentschlossen mit dem Chaos weiter – So doof kann nur ich sein. Immer nach dem alten Schema, „erst einmal fertig machen", danach weiter schreiben. Jetzt kannst du dir vorstellen, wie produktiv mein Tag verlaufen ist. Ich habe so fast wieder 4-5 Stunden damit verbracht, mich und meinen PC, sprich meine Bilder, in neu angelegte Dateiordner abzulegen. Damit aber noch nicht genug. Zum Schreiben kam ich nicht mehr. Ehrlich gestanden, ich hatte auch keine Lust mehr. War ich doch völlig genervt. Was mache ich anstelle dessen? Ich gehe wieder ins Internet und google nach neuen Werbepartnern und Partnerprogrammen von möglichen Anbietern meiner erforderlichen Sportgeräte, um diese dann auf meiner Seite bzw. als Link in meinem Buch anzubieten. Und schon war ich wieder mein eigener Gefangener. Besser gesagt ich war im Netz der Affiliate- und Partnerprogrammanbieter.

Anmeldeformulare ausfüllen, abschicken und dann eine „wir prüfen" oder wir können Sie noch nicht registrieren, da einige Daten von Anmeldeformular und Homepage nicht identisch sind. Hallo!? Welche Daten? Und warum ist das sooooo kompliziert? An dieser Stelle rate ir – und ganz besonders **mir**, alle diese Nebengeräusche zu ignorieren, bis der Roman bzw. das Buch fertig ist.

Kapitel 7

Dienstag Tag 11

Es sollte mein großer „Schreibtag" werden. Hatte ich doch alle Bilder sortiert und auch neue erstellt, so wollte ich heute dazu nutzen, ungestört zu schreiben was das Zeug hält. Also setzte ich mich hin und begann meine Dateien zu öffnen, um loszulegen. Das erste Störfeuer kam, wie sollte es sonst sein, von Microsoft. Meine Formatierung war dahin. Hatte ich doch alles schön als DIN-A5 Format angelegt, fand ich nun ein unformatiertes A4 Format vor. Bis ich herausgefunden hatte, wie ich das ganze wieder in den „Normalzustand" bekomme, war wieder einige Zeit vergangen. Aber jetzt solls ungestört losgehen. *„Wer nicht hören will, muss fühlen!",* hatte Christian vom E-Bookinator doch klar gesagt, stelle alle Störquellen ab. Sonst wird das nichts. Kaum war ich wieder im Schreibfluss, klingelte das Telefon. Ein Mitarbeiter von Webgains, wo ich mich gestern angemeldet habe, wollte sich nur telefonisch erkundigen, ob ich noch Fragen hätte und dass ich erfolgreich angemeldet wurde. Mittag! 14:00 Uhr ich mache weiter. 15:00 Uhr wieder stört ein Anrufer. Projekt „Leistungsdiagnostik" Es hat fast eine ganze Stunde gedauert! Jetzt haben wir 18:30. Ich konnte wenigstens noch 3 Kapitel in meinem Buch fertigstellen. Es ärgert mich, hatte ich doch, wenn ich am Schreiben war, jedes Mal einen richtigen Lauf. Morgen werde ich nicht zum Schreiben kommen, das weiß ich jetzt schon.

Mittwoch/Donnerstag Tag 12/13

Tröpfchenweise geht's weiter

Ich war mir so sicher, dass ich mich heute nur mit der Erstellung meines Videoclips „LD Folge4 Teil 7" meiner Serie zur Leistungsdiagnostik im Amateur- und Jugendfußball beschäftigen würde. Aber genau das ist es. Drei Dinge gleichzeitig im Kopf haben und sich immer wieder schön ablenken lassen. Ein wenig recherchieren, ein wenig telefonieren, ein wenig E-Mails beantworten und schon schaut man auf die Uhr und stellt fest, dass man nun aber richtig Gas geben muss, wenn man den Clip noch fertigbekommen will. Aber ich bin ja ein ganz Großer. Ich hab's geschafft. Und sogar noch hochgeladen auf YouTube, Facebook und www.ffp-scouting.com. Dort habe ich auch alle anderen Folgen veröffentlicht. Warum ich das sage? Wie du weißt, schreibe ich doch an meinem ersten Buch zur Leistungsdiagnostik im Amateur- und Jugendfußball, genau aus dieser Homepage und auch den Videoclips stammt der Inhalt meines ersten E-Books. Ein neuer Tag. Es sind 30 Grad. Drückende Schwüle liegt in der Luft. Kein Lüftchen bewegt sich und meine Hände kleben fast an der Tastatur. Dennoch habe ich mich durchgerungen immer wieder ein wenig an meinen beiden Buchprojekten zu arbeiten (schreiben). Ich habe spät angefangen, aber richtig was geschafft. Zuerst habe ich einige Kapitel in meinem ersten Buch fertig geschrieben und zum anderen, den gestrigen und auch heutigen Tag dokumentiert.

Freitag Tag 14

Yippie! Ich schwebe!

50 Seiten sind geschrieben und mit Bildern versehen. Wieder habe ich fast 6 Stunden damit verbracht, Bilder zu suchen und zu sortieren. Einige musste ich sogar neu anfertigen bzw. aus vorhandenen Videoclips, die ich bei den einzelnen Potentialanalyseerfassungen aufgenommen habe, ausschneiden und als Bild abspeichern. Am Vormittag hatte ich zudem noch einige wirklich gute Telefonate mit einigen Geräteanbietern geführt. Meine Potentialanalyseverfahren habe ich selbst erstellt und mit einem guten Freund optimiert. Da die Messungen nicht mit Stoppuhr und Metermaß durchgeführt werden, bedurfte es spezieller, hochtechnischer Gerätschaften. Dazu zählten auch Erfassungs-Tracks (Sensorik-Gürtel), sowie Lichtschranken-anlagen und Spirometer. Das Ziel ist es, mit Kooperationen bzw. Advertising zusätzliche Einnahmequellen zu erschließen. Von zwei Unternehmen habe ich die Zusage erhalten und auch gleich Logo und Link auf meiner Website eingebaut. Zusätzlich werde ich in meinem Fachbuch ein Kapitel über die eingesetzten Gerätschaften einfügen und dort neben den Abbildungen selbiger, auch Empfehlungen an die Anbieter aussprechen. Dazu werde ich später (in den nächsten Tagen) in meinem Buch zusätzliche Links einfügen. Auf die Antworten anderer Geräteanbieter und Buchverlage im Bereich Trainingshilfen warte ich noch. Ich bin happy und gönne mir einen riesigen Erdbeerbecher! Schluss für heute!

Samstag Tag 15

Weiter gebastelt!

Eigentlich wollte ich heute wieder viel schreiben. Aber da waren ja noch einige offene Anfragen an meine Geräteanbieter, die keinen Shop betreiben bzw. diesen nicht über Affiliate-Programme anbieten.

Affiliate-Systeme (engl. *affiliate* „angliedern") sind internetgestützte Vertriebsarten, bei denen in der Regel ein kommerzieller Anbieter (engl. Merchant oder Advertiser) seine Vertriebspartner (engl. Affiliates oder Publisher) durch Provisionen vergütet. Quelle: Wikipedia

Die Geräteanbieter sind enorm wichtig für mich, schließlich sind es die wichtigsten und auch teuersten Gerätschaften, die ich in meinem Potentialanalysenverfahren einsetze. Wenn Vereine, so habe ich es mir gedacht, mein Verfahren kaufen wollen, dann benötigen sie auch diese Gerätschaften. Und jetzt rauschten sie herein. Die Antwortmails und Anrufe. Ich war happy! Jetzt hatte ich es auch schriftlich und auch Banner, Logos und Links wurden mir mitgeteilt. Also habe ich wieder gebastelt und diese auf meiner Homepage und in meinem ersten E-Book eingebaut. Jetzt fehlt mir nur noch der quasi wichtigste Partner. Und zwar einer, den ich schon einmal aktiviert hatte, von dem ich allerdings Banner und auch den Provisionslink blöderweise auf meiner alten Website gelöscht hatte. Ich wollte schon Schluss machen, da meldete sich Uwe, der Chef von Coachshop.de. Uwe vertreibt über seinen Shop alles an Büchern, Videos und auch E-Books rund um das Thema Sport. Fußball, richtiges Training gestalten und viele andere nützliche Informationen für Spieler, Trainer und Vereine sind der Schwerpunkt. Und das ist ganz wichtig für mich, schließlich gehören diese Themen zu den Punkten, die ich in meinem ersten E-Book beschreibe. Auch alle Fach- und Sachbücher, die der DFB veröffentlicht, bietet er an. Morgen will er mir alle Banner und Links schicken! Ich bin wirklich rundum glücklich, denn jetzt kann's bald losgehen mit der Veröffentlichung.

Kapitel 8

Publisher sucht Advertiser!

Sonntag/Montag Tag 16/17
Dieses Wochenende habe ich einfach mal dazu genutzt, mich neu zu sortieren und nochmals Bilder nachzubearbeiten. Vor allem jedoch, um Anbieter von Affiliate-Programmen zu finden und mich anzumelden.

Nach langer Recherche und einem x-fachen Anmeldeprozess mit Passwortvergabe, habe ich es dann irgendwann geschafft, mich auf affili.net und webgains.com anzumelden. Die Hoffnung, die ich hatte war es, dort Advertiser = Anbieter von Produkten zu finden, die ich in meinem Projekt einsetze, um wiederum von diesen Provisionen auf mögliche Käufe von Besuchern meiner Website und Leser meiner Bücher zu finden. Ich habe dann tatsächlich drei Anbieter gefunden, die meine Produkte in ihren Shops führen. Auch dort musste ich mich wiederum zum Teil umständlich anmelden. Nach einigen Versuchen und vielen Stunden habe ich es dann endlich geschafft. Yippie! Jetzt bin ich freigeschalten und kann ihre Logos/Banner inklusive dem Publisher Code auf meiner Website einbauen, was ich dann auch noch an diesem Wochenende gemacht habe (siehe www.ffp-scouting.com). Du kannst ruhig auf die Banner klicken und dir anschauen, wohin sie führen. Keine Angst. Wenn du nicht auf deren Produkte klickst, hast du auch nichts gekauft. Und so funktioniert es: Du meldest dich bei einem Affiliate-Programm an. Dann klickst du die Unternehmen an, deren Produkte du gerne deinen Lesern anbieten möchtest, um dir so zusätzliche Einnahmequellen zu erstellen. Sie geben dir zwischen 3 und 10% an Provision. Nach der Anmeldung wird dein Gesuch bestätigt oder auch abgelehnt. Wird es bestätigt, kannst du Banner und Links setzen. Jetzt brauchst du nur noch abzuwarten (Hoffentlich nicht zu lange -☺).

Dienstag Tag 18

Platt - aber zufrieden!
Es gibt Tage, da läuft es! Heute war so ein Tag. Es ist 9:00 Uhr und ich habe so richtig Lust auf „Schreiben". Erst einmal Mails checken und schauen, was so alles auf mich wartet. Außer viel Spam und einigen Bestätigungsmails von Advertisern ist nichts Wichtiges gekommen. Also fing ich an zu schreiben. Kaum war ich so richtig im Fluss, da gings „plong" - Ein neues Mail von Christian vom E-Bookinator. Er schickte mir mal wieder ein „Weltklasse-Mail". Ein Interview mit einem sehr erfolgreichen Publisher bei „Amazon Kindle". Ich habe mir die x Seiten quasi reingezogen. Ein Punkt war, dass das „A" und „O" einer erfolgreichen Vermarktung, die professionelle Gestaltung des E-Book-Covers sei und dass es dieses schon für wenig Geld auf verschiedenen Portalen gibt. Er empfahl, sich auf „Fiverr.com." anzumelden und dort nach Grafik-Designern zu suchen. Du kannst mir glauben, das habe ich auch sofort gemacht. Der Nachmittag war klasse. Ich habe fast 3 Stunden ununterbrochen geschrieben. Bis Uwe sich meldete, er hat mir die versprochenen Banner und Links geschickt. Die ich auch umgehend eingebaut habe. Jetzt nur noch meinen Tagesbericht für dieses Buch schreiben und FEIERABEND!

Mittwoch Tag 19
Der vorerst letzte „Advertiser"

„Da ist das Ding", hätte Oliver Kahn gesagt. Ich hatte schon lange auf die Freigabe von Affilinet für „Tracktics", den Anbieter eines sehr gut zu handhabenden Erfassungssystems für den kleinen Geldbeutel, gewartet. Jetzt ist die Freigabe erfolgt und ich kann den Bannner (gif), als bewegtes Bild auf meiner Website und in meinem ersten Buch einpflegen. Was ich auch umgehend gemacht habe. Komisch, aber ich freue mich wie ein „Schneekönig" an Weihnachten. Nun war ein weiterer Baustein hinzugekommen und meine Empfehlungs-Partnersuche so gut wie abgeschlossen. Das könnte mir neben meinem E-Book Verkauf zusätzlich Einnahmen bescheren. So, sage ich mir, jetzt aber ran ans Schreiben. Gesagt und mal wieder nicht getan.

Kapitel 9

Fiverr – die professionelle Onlinehilfe
– germancreativ und Julia_gl

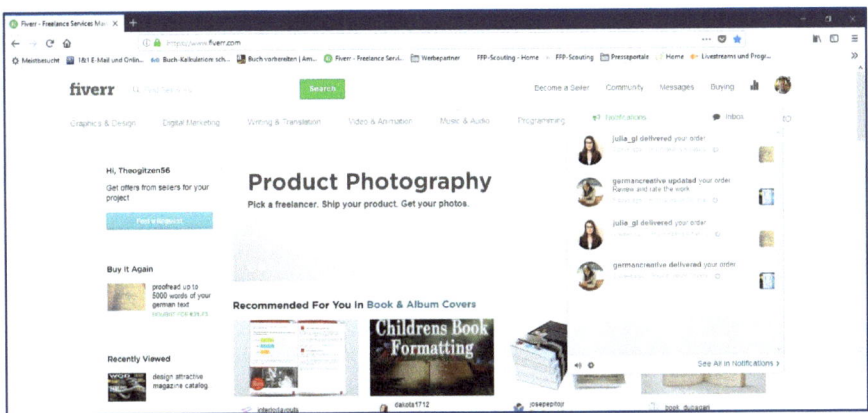

Da war doch noch etwas! Ja klar. Gestern hatte der Publisher, den Christian empfohlen hatte, gesagt, dass man auf jeden Fall sein Cover nicht selbst designen sollte und auch den Text von einer professionellen Seite überarbeiten lassen solle, damit der Leser nicht den Eindruck erhält, dass der Autor (Publisher) ein Chaot sei. Das wollte ich auf keinen Fall! Schließlich habe ich doch Ahnung. Wovon weiß ich auch noch nicht so genau, aber es stimmt! Jedenfalls hatte ich mich ja gestern schon bei **fiverr.com** registriert und mit **„germancreativ"**, so ist ihr Künstlername, eine junge Designerin, die deutsch spricht, ausgewählt. Jetzt fehlte mir aber noch die „Korrekturleserin", also suchte ich nach einer deutschsprachigen Person. Da war sie! **„Julia_gl"** aus Österreich. Hatte gute Bewertungen. Also schrieb ich sie an und fragte nach Preisen und was ich zu tun hätte. Die Antwort kam schnell und der Preis war mit unter 50 € für 15.000 Wörter top. Ich schrieb ihr, dass ich mein Buch, bevor ich es ihr zur Korrektur vorlege, noch von einem Fußballfachmann (Freund) auf den Inhalt überprüfen lasse und ihr dann über die Buchungsformulare den Text zusende. Danach habe ich dann doch noch ein paar Seiten an meinem Buch geschrieben.

Donnerstag Tag 20

Das Ziel vor Augen

Es ist ein schönes Gefühl, wenn man sieht, dass man dem „Buch-Ende" ein ganz schönes Stück nähergekommen ist. Bevor ich jedoch mit dem Schreiben anfange, lehne ich mich zurück und überschlage im Kopf, was ich schon alles erledigt habe und was mir noch so fehlt.

Da sind die Seiten, die ich bisher geschrieben habe.
Ergebnis: Fast fertig! Sagen wir mal 90%.
Da sind die Bilder, die ich eingebaut habe.
Ergebnis: Alle fertig eingebaut (in den Text) bis auf meins (98 %). Zudem sind es alle meine eigenen und ich benötige keinerlei externe Genehmigungen.
Da ist das Cover. Habe es entworfen, jetzt aber zu „germancreativ" zur Überarbeitung bzw. Neugestaltung geschickt. Ergebnis: laut Fiverr-Bearbeitungsstatus, soll es noch heute kommen.
Bin sehr gespannt.
Da sind die Advertiser, die ich akquiriert und von denen ich das OK zur Veröffentlichung erhalten habe. Sie sind mit Links an den entsprechenden Stellen eingebaut. Fehlt nur noch die Zusammenfassung auf der „Partner-Seite"
Ergebnis: Zu 95 % fertig
Da sind die Quellangaben und Literaturhinweise. Ich hatte diese recherchiert und zwei Studentinnen ausfindig gemacht, die ihre Bachelor-Arbeit über dieses Thema geschrieben haben.
Ergebnis: Freigabe zur Veröffentlichung erhalten und Inhalte eingebaut (100%).
Da ist die Korrektur. Sie gliedert sich in zwei Bereiche, einmal die fachliche Prüfung durch einen Freund und das Korrekturlesen durch Julia_gl von fiverr.
Ergebnis: Anfragen =100%. Durchführung 0%

Also, sage ich mir, ran an die Arbeit und den Rest erledigen!

Kapitel 10

Freitag Tag 21

Vervollständigungen
Wie ich gestern festgestellt habe, fehlen mir noch 2 Kapitel, einige Verlinkungen und die Autoren- und Inhaltsbeschreibung. Ach ja, das hätte ich beinahe vergessen, ich muss ja auch noch das Inhaltsverzeichnis erstellen und auf die Kapitel und Seiten verlinken. Puh... da ist noch was zu tun. Zuerst widme ich mich der Autoren- und Inhaltsbeschreibung, die ich für die ersten zwei Seiten meines E-Books benötige. Wenn ich es richtig verstanden habe, gehören sie nicht zum Inhalt meines Buchtextes, sondern werden in der Vorbeschreibung bei „BOD" Book on Demand, eingestellt. Zudem habe ich mit Julia_gl verabredet, dass sie mir auch diese Korrektur liest bzw. in Form bringt. Dazu reicht die Buchung des „kleinsten" Paketes für 5 €. Damit ist das schon mal auf den Weg gebracht. Also lege ich los mit der Autorenbeschreibung. Das bin ich und es klappt gut. Danach geht's an die Inhaltsbeschreibung. Nicht das Inhaltsverzeichnis. Das kommt später dran und davor graut es mir. Schließlich muss ich ja jeden Punkt (Seite) aus dem Inhaltsverzeichnis dann auch entsprechend verlinken.

Die Korrektur und das Cover
Es ist später Nachmittag und ich habe die beiden Kapitel fertig geschrieben und an Fiverr zu Julia_gl geschickt. Das klappte richtig gut. Julia_gl aufgerufen, das Angebot für 3.000 Wörter ausgewählt, per PayPal bezahlt, Worddatei angehängt und abgeschickt. Fertig. Bin mal gespannt wie das klappt. Oh wie schön! Kaum hatte ich die Datei abgeschickt, lag auch schon der Cover-Entwurf von germancreativ vor. Sieht richtig gut aus. Es sind zwei jpg-Bilder. Einmal das E-Book Cover und einmal eine 3-D Version, die aussieht wie ein richtiges Buch. Beide gefallen mir richtig gut. Und ich bedanke mich bei der Designerin.

Da ist das Ding!

Ich öffnete mein Worddokument zu meinem Buch und schaute mir noch einmal mein Inhaltsverzeichnis an. Oh Gott, da sind ja 100 Links zu setzen. Und wenn ich dann etwas verändern will, muss ich alles wieder neu machen. Das kann ja Tage dauern. Es graute mir, diesen Gedanken weiter zu verfolgen. Ich brauche eine Lösung. Zudem verstehe ich die Zusammenhänge bei BOD und der Online-Eingabe nicht. Wo soll ich das Inhaltsverzeichnis einfügen? Auf Seite 1,2 oder 3? Auf Seite 4 ist ja dann das Impressum. Ich blickte einfach nicht mehr durch. Was hatte mir die Hilfe bei meinem ersten Telefonat mit OD noch gesagt? - Alles kein Problem. Aber jetzt hatte ich eins und zwar ein großes. Ich wollte (musste) mir Arbeit ersparen, unbedingt. Aber was viel wichtiger war, ich musste unbedingt die Zusammenhänge und das Ablaufschema bei BOD verstehen. Also griff ich zum Telefon. Wie kann ich Ihnen helfen war ihre erste Frage. Ich erklärte es und schnell stellte ich fest, mit der Dame komme ich nicht weiter. Ich bat sie, mich doch mit jemandem zu verbinden, der „meine" Sprache spricht und mich versteht. Besser gesagt, der mich und mein Problem versteht.

Der Engel von BOD.
Ich erklärte ihm mein Problem und dass ich eigentlich komplett den Durchblick bzw. Überblick verloren hatte. Er hörte mir aufmerksam zu und ich hörte wie er sich Notizen machte.
Er: Haben Sie einen Block und einen Stift? Ich: Klar. Er: Dann wollen wir mal. Als allererstes meine Frage - Welche Art von Buch möchten sie denn veröffentlichen? Ich: Ein E-Book. Er: Was haben sie denn für Informationen zum Ablauf vorliegen? Ich: Die, um ein Buch zu veröffentlichen. Er: Sehen Sie und da ist der Knackpunkt. Diese Anleitung gilt nur für richtige Bücher, Sie benötigen eine für E-Books. Folgen Sie mir am PC. Wir schauten uns dann gemeinsam das Menü an und gingen es Schritt für Schritt durch. Was ich ja schon mal gemacht hatte. Blieben nur noch meine Fragen: Wo kommt das Inhaltsverzeichnis hin und wie setze ich Links auf die richtige Seite? Er lachte leise. Es klang verständnisvoll und nicht herablassend. Dann sagte er: Bei E-Books gibt es keine Seitenzahlen und kein Inhaltsverzeichnis. Es gibt nur „Kapitel". Das heißt Sie (also ich) teilen ihr Buch in Überschriften (Kapitel) auf. Diesen vergeben Sie einen Namen oder auch Zahl, wie immer Sie wollen. Wenn Sie diese angelegt

haben, können sie unter „bearbeiten" zu jedem Kapitel Ihren Tex einfügen bzw. schreiben und korrigieren. Einfach abspeichern und fertig. Er hatte sich wirklich viel Zeit genommen. Ich hatte es nur kapiert, die Zusammenhänge verstanden. Ab jetzt sollte sich alles ändern.

Samstag Tag 21

Wie jeden Morgen, stehe ich auf, starte den Laptop, mache mir einer Kaffee, gehe ins Bad und setze mich dann vor den PC. Schließlich wollte ich nun alles umsetzen, was mir der „Engel" von BOD gestern erklärt hat. Es war sowas von easy, dass ich innerhalb von nur 3 Stunden mein gesamtes E-Book aufgebaut, Kapitel angelegt und Texte eingefügt hatte. Ich schwebte auf Wolke 7. Genauso hatte ich es mir vorgestellt. Einfach schreiben, einstellen und gut ist`s. Am Nachmittag begann ich, Bilder an den entsprechenden Stellen einzufügen. Das war ebenfalls easy. Was nicht easy war, war meine Organisation. Musste ich mir doch erst einmal alle Bilder aus irgendwelchen Ordnern, wo ich sie mal abgelegt hatte, raussuchen. Aber ich schaffte das und am frühen Abend war ich fertig. Fehlte nur noch die Textkorrektur. Dann kann ich es endlich veröffentlichen.

Sonntag Tag 22

Die erste Textkorrektur ist da! Julia_gl hat mir die ersten Korrekturen geschickt. Sehr gute Arbeit. Alle Fehler waren Rot markiert, so, dass ich sehen konnte, welche Fehler sie gefunden und berichtigt hat. Auch berichtigte sie verdrehte Satzstellungen und fügte neue ein. Ich war zufrieden. Auch weil es viel weniger Fehler gab als ich gedacht hatte. Jetzt berichtigte ich die Fehler in meinem BOD E-Book. Das ging schnell und war sehr einfach. Jetzt brauchte ich nur noch die restlichen 10.000 Wörter zur Korrektur abschicken, dann wäre mein Buch fertig. Also stellte ich über Fiverr eine Anfrage an Julia_gl, was mich das kosten würde. Sie wolle mir noch heute ein Angebot unterbreiten. Welches dann auch am späten Abend kam. 30,- € sollte es kosten und 4 Tage würde sie dafür benötigen. Ich werde es gleich am Montag abschicken.
Feierabend!

Montag Tag 23

Ich bin erstaunt wie lange ich schon mit meinem ersten E-Book beschäftigt bin. Fast zwei Monate sind das schon von der Idee bis heute. Und es sind bestimmt noch 6 - 10 Tage, bis es dann endlich soweit ist. Hatte Christian vom E-Bookinator doch gesagt, dass man in nur fünf Tagen ein Buch schreiben könne. Klar sage ich mir, wenn man weiß wie es geht. Hätte ich doch vorher gewusst, was wirklich wichtig ist, hätte ich mir viel Zeit sparen können. Gut, sage ich mir. Schließlich habe ich ja auch viel gelernt, auf meinem Weg zum ersten Buch. Ich beschäftigte mich noch mit dem Sortieren von Ordnern und Bildern, um mein Chaos in den Griff zu bekommen. Schließlich möchte ich doch mein zweites Buch zu diesem Thema veröffentlichen. Und allen „Newcomern" einen wirklich verständlichen Leitfaden in die Hand geben. Dann war da noch das Telefonat mit Uwe von Coachshop, der in seinem Shop Fachbücher rund um das Thema Fußball und Training anbietet. Es wäre doch schön, wenn ich mein Buch auch über seinen Shop anbieten könne. Kein Problem, sagte er. Frag mal bei BOD nach, ob du das darfst. Werde ich gleich morgen machen und mich wieder melden, sagte ich ihm.

Dienstag, Mittwoch Tag 24 und 25

Ich warte immer noch auf die 2. Korrekturhälfte meines ersten E-Books. Soll laut Fiverr am Freitag fertig sein. Aber wer weiß? Könnte ja auch schon früher kommen. Dann könnte ich nämlich endlich mein Buch online stellen und es auf Facebook, in all meinen Gruppen und auf meiner Website ankündigen. Doch dazu benötige ich einen Link, wo man es bestellen kann - Denke ich mal. So richtig weiß ich das noch nicht. Wird sich dann zeigen, wenn es soweit ist. Habe jetzt endlich von Amazon und Sport Thieme die Freigabe für die Teilnahme am Affiliate-Programm erhalten. Habe mich den Rest der Tage mit dem Einbau der „Codes" auf meiner Website www.ffp-scouting.com herumgequält und zusätzlich noch Bilder sortiert.

Donnerstag Tag 26

Verdammt, was ist denn jetzt los? Mein Laptop spinnt. Besser gesagt Windows. Obwohl der Laptop noch nicht so alt ist (drei Jahre), fährt er einfach nicht hoch. Er arbeitet und arbeitet, aber der Bildschirm bleibt schwarz. Ich könnte mit dem Hammer draufschlagen, aber was würde es bringen. Also, nochmals neu starten und abwarten. Und siehe da, es funktioniert. Jetzt aber schnell die Mails abrufen und schauen, ob Julia_gl die zweite Korrektur geschickt hat. Pustekuchen! Nichts ist gekommen. Die Luft ist raus. Noch nicht einmal angefangen und schon habe ich keine Lust mehr. Bin selbst erstaunt, wie schnell die Stimmung sacken kann, nur weil ein Mail nicht gekommen ist. Am späten Nachmittag setzte ich mich dann aber nochmals an den PC und siehe da, das heiß ersehnte Mail war da.

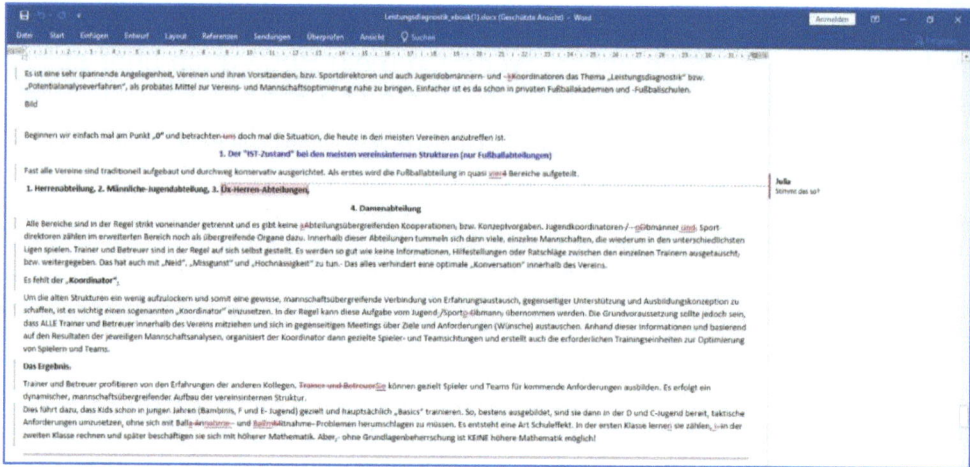

Jetzt kann ich endlich loslegen und den Rest meines Buches korrigieren. Als ich jedoch sah, wie viele rot markierte Korrekturen in den 9.250 Wörtern es gab, da war die Lust schnell wieder vergangen. Ich beschloss, die gesamte Korrektur auf Freitag zu verschieben. Ich fuhr den Laptop runter und machte für heute Schluss.

Kapitel 11

Die ersehnte Veröffentlichung

Freitag Tag 27
Ich hatte schlecht geschlafen. Gingen mir doch die bevorstehende Korrektur und die anschließende, alles entscheidende Veröffentlichung meines ersten E-Books, durch den Kopf. Die Laune war schon schlecht, als mich dann noch eine Freundin anrief und unbedingt mit mir in den Blumenladen wollte, um ihre bestellten Bäumchen abzuholen. Hat das nicht Zeit bis morgen, fragte ich. Nein sagte sie, du hast es zugesagt. Aber ich will doch endlich mein Buch veröffentlichen, erwiderte ich. Versprochen ist versprochen, sagte sie. Und kündigte sich in 30 Minuten an. Ich bekam einen regelrechten Wutausbruch! Musste das jetzt sein, gerade jetzt, wo ich doch heute noch mein Buch veröffentlichen will. Und wenn ich das nicht bis 16:00 Uhr schaffe, dann

ist bei BOD sicherlich niemand mehr da, den ich erreichen kann, falls es Probleme gibt. Jetzt wurde mir klar, warum Christian empfohlen hatte, das Telefon auszuschalten und die Tür abzuschließen, damit bloß niemand stören kann. Ich erneuerte meinen Eid und nahm mir fest vor, in Zukunft diesen Rat strikt zu befolgen! Am späten Nachmittag waren wir dann endlich zurück. Ich setzte mich sofort vor den Laptop und begann wie wild mit der anstehenden Korrektur. Nach etwas über einer Stunde war ich fertig. Es war 16:45 Uhr. Bei BOD war niemand mehr da. Trotzdem begann ich mit der Veröffentlichung meines Buches. *Es hat alles seinen Sinn!* Wären die Freundin und ihr „Blumenhaus" nicht gewesen, ich hätte wahrscheinlich viel zu schnell die Veröffentlichung bei BOD abgeschlossen. So wusste ich, dass ich heute keinerlei Hilfe mehr zu erwarten habe und ließ mir deshalb Zeit. Nach jeder Veröffentlichung poppte ein Fenster auf und forderte mich auf, mir den Inhalt noch einmal in der Vorschau anzuschauen. Das war meine Rettung!

Hatte ich doch professionelle Hilfe bei der Covergestaltung und auch beim Korrekturlesen in Anspruch genommen, so hätte ich nun, mit einer vorschnellen Veröffentlichung meines Buches, den berühmten „Vogel" abgeschossen. Es gab, obwohl ich schon vorher mehrfach korrigiert hatte, immer noch viele Layout- und Gestaltungsfehler. Da waren Abstände zu weit, zu kurz, Überschriften und Unterzeilen mal fett, mal kursiv. All das fiel mir nun auf. Und so korrigierte ich Seite um Seite, Kapitel um Kapitel und schaute es mir noch bestimmt 3x an, ehe ich auf den Button „Fertig" klickte. Mein Buch war nun abgeschlossen, aber noch nicht veröffentlicht, wie ich eigentlich gedacht hatte. Es war quasi abgeschlossen und für mich nicht mehr zugängig. Ihr Buch wird nun von BOD auf Freigabe zur Veröffentlichung geprüft.

Und nun? Wie lange dauert das? Bekomme ich ein Mail? Ich recherchierte und konnte herauslesen, dass es bis zu 48 Stunden dauern kann, bis BOD es überprüfen und freigeben würde. Schweren Herzens habe ich diese Aussage zur Kenntnis genommen. Was blieb mir auch schon anderes übrig?

Samstag/Sonntag/Montag Tag 28-29-30

Endloses Warten

Abwarten und Tee trinken. Besser gesagt WM schauen und ein wenig an allen Ecken und Kanten nachbessern. Da sind ja schließlich diese Bücher, die ich ebenfalls in Kürze veröffentlichen möchte. Schließlich verspreche ich mir doch weitaus mehr Erfolg als mit meinem ersten Fachbuch rund um das Thema Leistungsdiagnostik im Amateur- und Jugendfußball. Ich habe mir zudem die Frage gestellt, wie kann ich mein Buch auf meiner Website und bei Facebook bewerben. Da muss es doch etwas geben, schließlich habe ich das schon bei anderen gesehen. Die Lösung lautet Shop-Widget. Aber scheinbar habe ich erst dann Zugriff, wenn mein Buch von BOD freigegeben wurde. Warten wir mal ab. Was soll ich tun? Warten nervt! Ich überbrücke die Zeit mit Tuning-Arbeiten. Bei meinem zweiten Buch der FFP-Potentialanalyse richte ich Seiten ein und formatiere Texte. Zudem schreibe und passe ich mein „Tagebuch" an.

Die Freigabe

Es geschehen noch Zeichen und Wunder. Nichts ist schlimmer als warten! Warten auf das erhoffte Mail „Ihr Buch wird veröffentlicht". Aber dann war es da. BoD hatte mir ein Mail geschickt und ich war sowas von happy. Jetzt konnte es endlich losgehen und ich jetzt auch ALLEN stolz mein erstes Buch präsentieren.

Freigabe-Mail von BoD   BoD Statusanzeige „Buchprojekte"

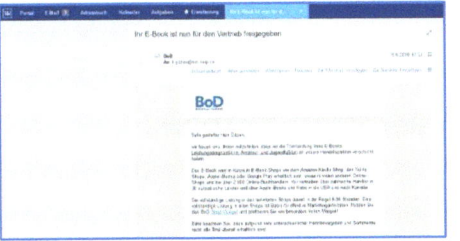

Das Shop-Widget

Ein **Widget** ist eine Komponente eines grafischen Fenstersystems. Das Widget besteht zum einen aus dem Fenster, einem sichtbaren Bereich, und zum anderen aus dem nicht sichtbaren Objekt, das den Zustand der Komponente speichert und über bestimmte Zeichenoperationen den sichtbaren Bereich verändern kann. Widgets sind immer in ein bestimmtes Fenstersystem eingebunden und nutzen dieses zur Interaktion mit dem Anwender oder anderen Widgets des Fenstersystems.
Quelle: Wikipedia

Im Klartext heißt das, dass du ein Bild, welches mit einem speziellen Link versehen ist, auf deiner Homepage einbauen kannst. Wenn dann jemand daraufklickt, wird er direkt zum Shop weitergeleitet. Kauft er dann, wird dir die Provision automatisch gutgeschrieben.

BoD bietet die Gestaltung von perfekten Shop-Widgets kostenlos an, sagen die von BoD.

Doch irgendetwas scheint noch nicht richtig rund zu laufen. Auf meinem persönlichen Shop-Widget-Formular fehlen die beiden Anmeldebuttons. Ich habe das reklamiert und per Mail einen Screenshot eingeschickt. Das Bestätigungsmail mit dem Hinweis, dass man sich darum kümmern wird, kam auch prompt. Jetzt hieß es wieder warten, bis ich dann endlich mit meiner Promotion meines Buches auf der Website, Facebook, Instagram, LinkedIn, und XING beginnen kann.
Zusätzlich würde ich auch gerne über openPR und andere Online-Presse-Portale Presseberichte veröffentlichen.

Jetzt warte ich erst einmal ab. Und schließe das Tagebuch!

Dachte ich - Aber es geht noch weiter.

Kapitel 12

Was kommt da noch alles?

Dienstag Tag 31

Nun, ich werde, sobald die Shop-Widget-Freigabe von BoD erfolgt ist, dieses Widget erstellen und an den entsprechenden Stellen auf meiner Website (https://www.ffp-scouting.com/newpage), auf Facebook Instagram, LinkedIn, und XING einbauen. Zusätzlich würde ich auch gerne über openPR und andere Online-Portale sogenannte Presseberichte zum Thema „Leistungsdiagnostik im Amateur- und Jugendfußball" und natürlich zu meinen Büchern veröffentlichen. Natürlich werde ich weiter an der Komplettierung meiner Bücher arbeiten, um dir in einer weiteren Folge auch hierzu ein Tagebuch anzubieten.

„Tagebuch eines E-Book-Newcomers Teil 2"
Die Vermarktung!

Mein nächstes Ziel jedoch ist es, aufgrund dieser Erfahrung ein neues Buch zu schreiben, welches in kurzer, aber ausführlicher Form beschreibt, wie du dir die fast zwei Monate, die ich benötigt habe, um mein erstes Buch zu veröffentlichen, sparen kannst.

Ich werde dir aufzeigen, wie einfach es ist, ein Buch zu veröffentlichen, wenn man sich nur mit den „wichtigen" Dingen befasst und alles erst einmal Nebensächliche beiseite lässt. Dann wirst auch du in wenigen Tagen und völlig stressfrei dein erstes Buch veröffentlichen.

Ich weiß noch nicht genau, wie es heißen wird.

Möglicherweise:

Die „zehn E-Book Gebote"
Nur die brauchst du, um in nur wenigen Tagen dein erstes Buch zu veröffentlichen

Dienstag Tag 32

Die Shop-Widgets

Da ist sie, die Freigabe bei BoD, um ein Widget zu erzeugen.
Die linke Ansicht ist die, vor der Freigabe - die rechte erscheint im Account, sobald das Buch bei den Shops gelistet wurde.

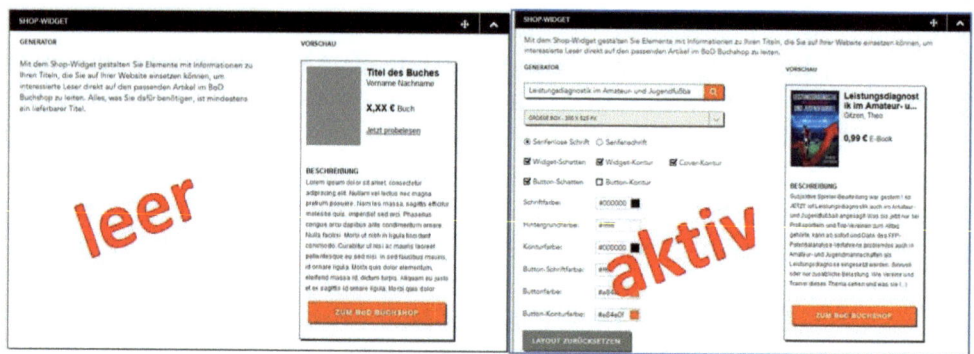

Jetzt brauchte ich nur noch den Code zu kopieren…

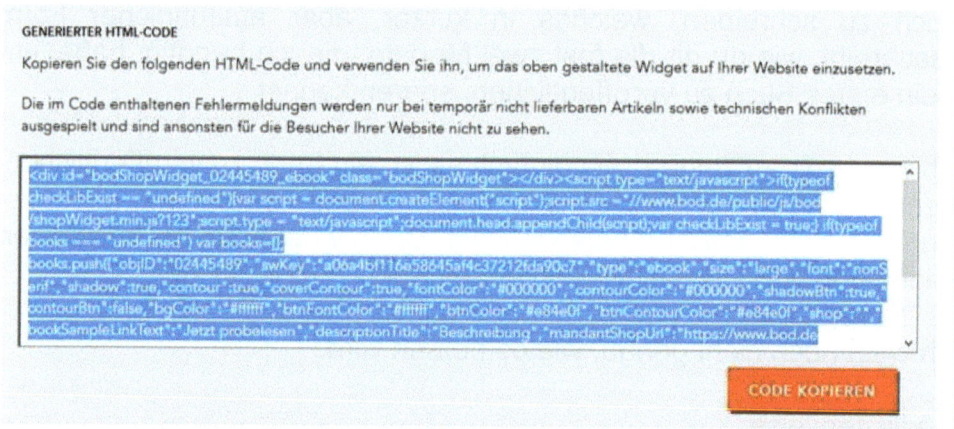

und auf meiner Website einbauen. Was ich auch umgehend tat.

Einmal baute ich es auf meiner Homepage als kleines Widget ein,

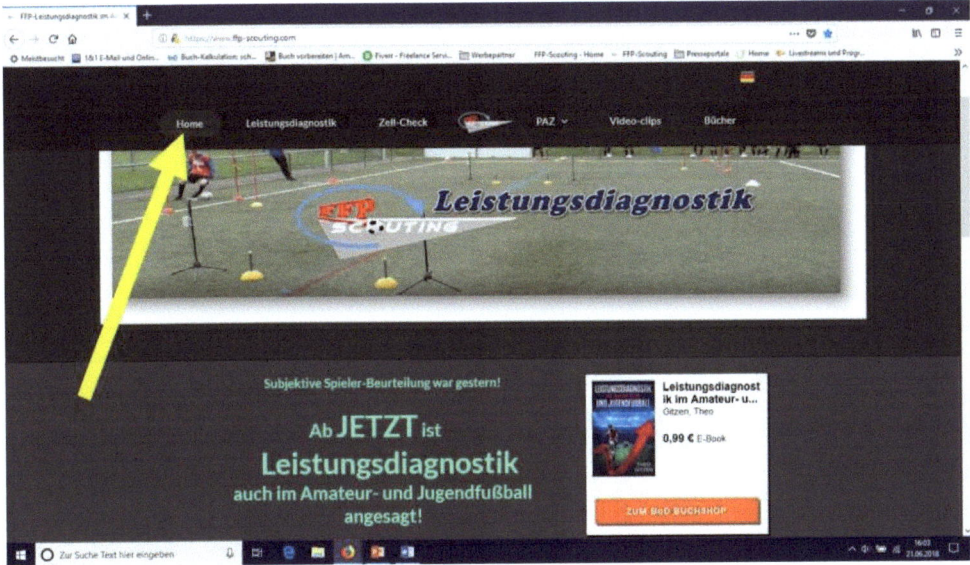

und ein weiteres Mal auf der Unterseite „Bücher" als großes Widget.

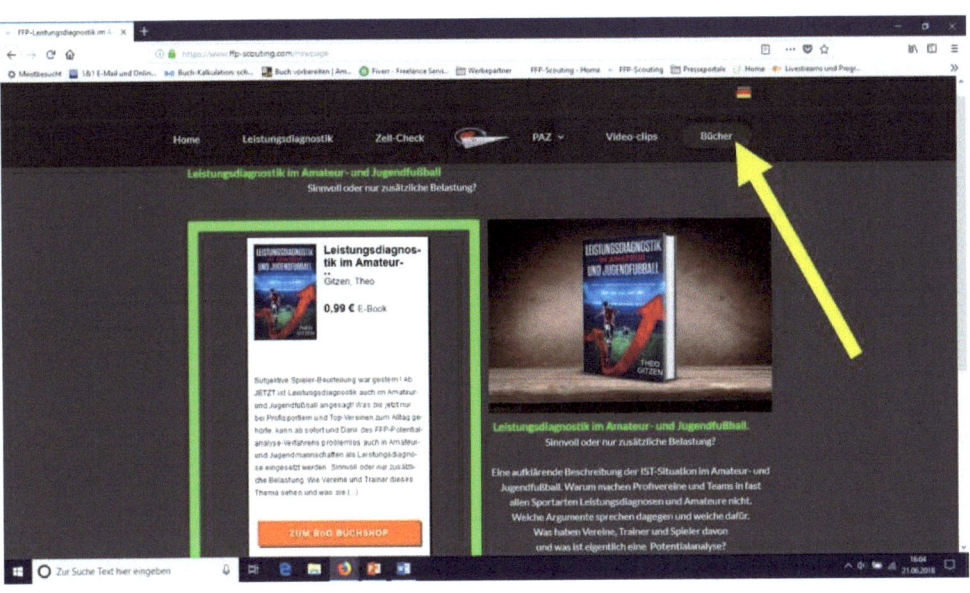

Es gibt dann bei der Generierung des Widget-Codes auch noch die Möglichkeit diese automatisch bei Facebook und Twitter zu veröffentlichen. Was ich ebenfalls tat.

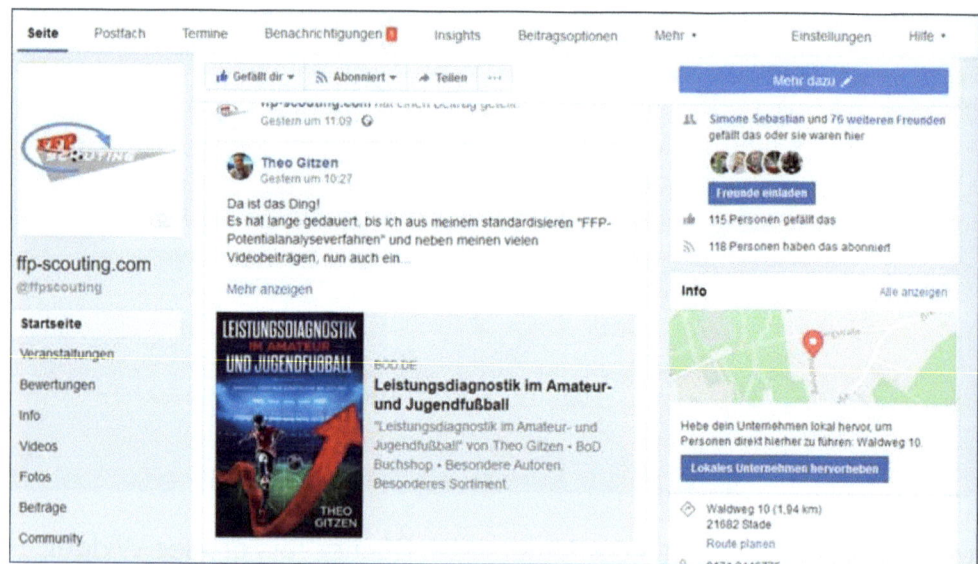

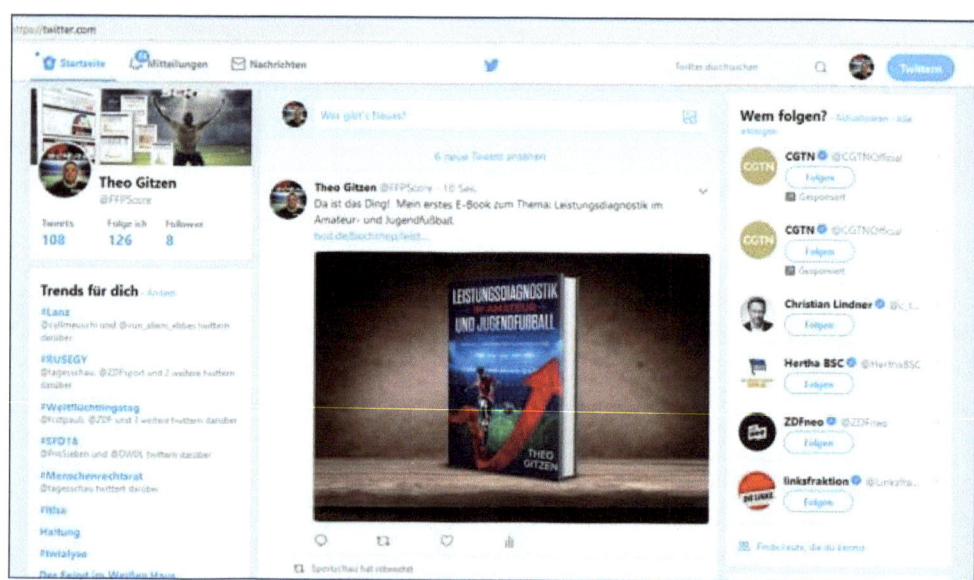

Jetzt war alles gut! Dachte ich. Noch am selben Tag bat ich eine gute Bekannte, doch mal die 99 Cent, die ich als Einführungspreis für 14 Tage angesetzt habe, zu investieren und mein Buch zu kaufen. Was sie auch tat. Die ganze Kauf- und Bestellaktion ging relativ schnell und unkompliziert. Sie bezahlte mit PayPal und erhielt zwei Minuten später ein E-Mail mit dem Download-Link „URLLink.acsm". Den musste sie nun nur noch speichern und anschließend öffnen.

Was sie dann auch **wollte**!

Aber genau da lag der Haken. Es ging nicht!

Sie war genauso ein Newcomer im E-Book lesen wie ich. Dass man bei verschiedenen Formaten und Buchshops ein spezielles Lesegerät benötigte, hatte ich mir schon erlesen, aber dass mein E-Book nicht zu öffnen war, machte mich rasend. Wir tüftelten noch bis tief in die Nacht, versuchten dies und das, aber wir hatten einfach keine Chance.

Ich glaube, ich ging noch nie so enttäuscht wie heute ins Bett. Morgen würde ich sofort bei BoD anrufen und die Sache klären.

Mittwoch Tag 33

Die Lösung
Ich war schon früh auf den Beinen, um direkt um 9:00 Uhr, den Bod-Service anzurufen. Da war sie wieder, meine freundliche Dame, und hörte sich mein Klagen an. Mit einem Lächeln (konnte ich durch das Telefon sehen) sagte sie mir, dass man für das Lesen dieser Dateitypen (.acsm) eine Konvertierungs-App bräuchte, und die gäbe es im Internet als kostenloses Download. Ich bedankte mich und erleichtert schaute ich mir ihre Empfehlung „Adobe Digital Editions" an.

Und damit nichts mehr schiefgehen sollte, installierte ich ihn mir auch umgehend auf dem PC.

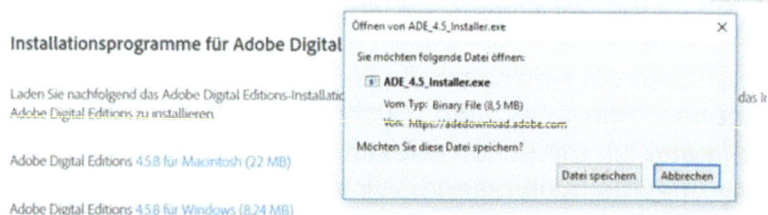

Sofort rief ich meine Bekannte an und bat sie, Adobe Digital Editions, downzuloaden und auf ihrem PC zu installieren. Sie vertraute mir und installierte das Programm.

Der große Augenblick
Anklicken, öffnen – und da war das Ding (E-Book).
Perfekt! Mit Lesezeichen und allen Seiten und Bildern!
Wir waren happy!

Kapitel 13

Unterm Strich…
ziehe ich mal Bilanz!

Wie du aus meinem Tagebuch herauslesen konntest, hat mich die ganze Aktion, als absoluter Newcomer auf dem Gebiet, fast zwei Monate an Zeit gekostet bis mein erstes E-Book gekauft, und sichtbar auf meinem PC erschienen ist. Dabei hatte ich noch den großen Vorteil, dass ich mich schon im Vorfeld intensiv mit dem Thema „Leistungsdiagnostik" befassen konnte und auch eine umfangreiche Video-Präsentations-Serie auf YouTube, Facebook und meiner Homepage präsentiert habe. Ohne diese detaillierten Vorkenntnisse hätte die gesamte Aktion sicherlich noch einige Tage länger gedauert. Alleine die vielen Recherchen bei Google rund um das Thema, wie schreibe ich ein E-Book und die damit verbundenen, vielen, zum Teil verwirrenden Auskünfte und Anleitungen, haben nicht nur viel Zeit gekostet, sondern auch für große Verwirrung gesorgt. Bis auf den E-Bookinator von Christian Költringer, hätte ich mir das ganze Prozedere sparen können, ja eigentlich müsste man alleine diese vielen Tage auf 1/3 reduzieren können.

Hätte ich auch nur eine einzige Anleitung, wie in meinem nächsten Buch beschrieben, gefunden, ich wäre in zwei Wochen fertig geworden. So fehlten mir neben dem Verständnis für die „Begrifflichkeiten", auch die klare Vorgabe über das, was sinnvoll und was überflüssig ist. Zudem hätte ich eine saubere Struktur gehabt und wäre nicht von einem Programmpunkt in den nächsten gewechselt. Zeitweise hatte ich bis zu zehn Dateien und Internetseiten gleichzeitig geöffnet. Und wie langsam mein PC dann wurde, kannst du dir ja vorstellen.

Als ich dann endlich bei Tag "0", und BoD (Books on Demand) angekommen war, hatte ich wenigstens einen roten Faden an dem ich mich entlang hangeln konnte. Trotzdem war meine Begeisterung ein Buch zu schreiben ziemlich gesunken. Aber ich gab nicht auf. Als ich dann meine ersten Seiten geschrieben hatte, hellte sich mein Tatendrang wieder auf.

Aber auch jetzt ließ ich mich wieder ablenken und von Begriffen, wie Publisher, Advertiser, Affiliate und anderen, verwirren. Das kostete nicht nur Zeit, sondern auch Nerven.

Als es dann endlich soweit war, dass mein Buch fertig geschrieben und es bereit zur Veröffentlichung schien, erinnerte ich mich an Aussagen wie ein professionell gestaltetes Cover ist das A und O für eine Kaufentscheidung und der Inhalt sollte ebenfalls professionell Korrektur gelesen werden. Also vergingen wieder viele Tage mit der Recherche und Kontaktaufnahme mit den „Spezialisten". Hätte ich das alles im Vorfeld berücksichtigt, wäre vieles einfacher gewesen. Auch das Grübeln, Hinterfragen und Recherchieren über die Verfahrensweise und -wege meines Buchverlags „Bod" in Zusammenhang mit seinen Verkaufsstrategien, hätte, wie sich später zeigte, wegfallen können.

Alles in Allem gesehen, ist das Schreiben von Büchern einfach und schnell, sofern eine richtige Vorbereitung, der berühmte „rote" Leitfaden, eine Struktur vorhanden ist und professionelle Partner gefunden sind.

Damit du dir all diese auf und ab's sparen kannst, habe ich beschlossen, ein weiteres Buch als „Leitfaden" zu schreiben.

Mach nicht die gleichen Fehler wie ich, hol dir mein Buch und fang an zu schreiben. Denn dann wird es gut, weil deine ganze Aufmerksamkeit nur dem Schreiben und nicht dem „drumherum", gilt.

Meine Empfehlung:

hol dir mein neues Buch:

Die zehn Gebote für den E-Book Newcomer
- was ist zu beachten, was ist überflüssig und wie organisiere ich mich richtig!

Dieses Buch ist ein Extrakt aus meinem „Tagebuch" und den Erfahrungen aus drei weiteren Büchern, die ich geschrieben und zwischenzeitlich veröffentlicht habe. Es soll dir dabei helfen, dich nicht mit unnötigem Ballast zu überladen, Fehler in der Vorbereitung und auch beim Schreiben zu vermeiden und dich nur auf das Wesentliche zu konzentrieren.

... damit's gut wird!

Theo Gitzen